有機栽培の家庭菜園・ベランダ菜園入門

楽しく作る、美味しく食べる

QRコードで栽培手順を動画解説

甘楽ふるさと農園管理組合長
吉田恭一 監修

加藤俊二 著

JN103432

彩流社

▓自分たちで食べる野菜をベランダで作ろう!
▓無農薬で安心な旬の野菜が食卓に並ぶことを夢見て。

思いがけずベランダが広いマンションに引っ越しました。幅9メートル、奥行き3.6メートルのルーフトップバルコニーです。ほぼ真南向き。目の前に高い建物はほとんどありません。一日中さんさんと日が射し込んできます。

洗濯好きの妻は大喜びです。「いつでも洗濯し放題ね!」。いや、雨の日だってあるけどな。でも暑いぞ〜。夏はエライことになります。ジリジリと照りつける日を遮るものは何もありません。サッシ窓の上部に60センチほどの庇がついているだけで、ほとんど日陰などできません。リゾートを気取って白いチェアなど出してみましたが、暑くてそして熱くて座っていられません。そもそも、サンダルが熱くなってベランダへ出ることもままなりません。まずは手軽に葦簀でも立てかけようか。いっそのことゴーヤでも育ててグリーンカーテンでも……と、それならいっそベランダ菜園ができないかと思いつきました。

ナスやトマトやキュウリなど、スーパーで買ってくれば野菜はいつでも食べられます。ただ、この「いつでも」は曲者です。野菜には旬があります。ところが、今はたいがいの野菜が一年中買えます。美味しいか美味しくないかにかかわらず、朝食のサラダには葉物野菜とキュウリやトマトやらが食卓にのぼります。それらを食べて格別に美味しいとも思わないけれど、まずいとも思わなくなっています。だって、そういうものだから。

消費者の「いつでもサラダが食べたい」という願いが叶った結果でもあるのですが、つまりは、それがニーズというものなのでしょう。それはそれで、しかし、いつでも葉物野菜が食べられるのは農家の努力の賜物です。どうせなら賜物をおおいに享受したいとは思う

のです。農家の皆さん、ありがとう。

でも一方で、生産や流通の過程で、なにがしか、不自然なところもあるんじゃないか？という疑問もないわけじゃありません。それは農薬だったり成長促進剤などの化学薬品かもしれません。あるいは消費者はあずかり知らぬ保存料とか冷凍技術なのかもしれません。安全性の規制が緩い国からの輸入野菜かもしれません。

せっかくの農産物をそう斜めにばかり見ていても仕方がありません。少なくとも様々な安全基準にしたがって生産・流通されている農産物です。ここは素直に食べられることに感謝しつつ、せっかく日当たりが良くて広いバルコニーを手に入れたのですから、少量ではあるけれど、自分たちで食べる野菜の一部なら作れるんじゃないかと思ったわけです。

どうせ自分で作るなら、いわゆる有機で、体に優しい、旬のものを作りたい。そこで群馬県の甘楽町でふるさと農園を管理している有機の専門家、吉田恭一さんに教えを乞うたのです。ところが……。吉田さんに諭されました。

「有機はね、大地に根づいてこそ有機なんですよ。ベランダで栽培するのは有機とはいわない。大地につながっているということが有機ではいちばん大切なんです」
優しい口調だったけれど、確たる信念のこもったことばでした。
有機とは、単に化学系の肥料や殺虫・殺菌・除草のための農薬を使わないで作物を育てるものと考え、軽々しく口にしていた浅はかな自分を嗤うしかありません。

▧とにもかくにも、作物を作るとはどういうことか
▧まずは実際にやってみよう。

有機でできるかどかはともかく、まずはベランダ栽培をはじめてみました。やってみて、それから勉強。今は何がわからないかもわからない段階ですから、まずはアクションを起こすことからです。

近くのホームセンターでプランタを購入し、土を買います。ちょっと普段見る土とは趣が異なっています。木片のようなものとか、種類の違う土塊とかが無造作に混ざっています。「培養土」と書いてありますから、たぶん肥料なんかも入っているのでしょう。

ネットで調べてみると、培養土には、赤玉土や腐葉土、バーミキュライトやパーライト、元肥（もとごえ＝あらかじめ土に混ぜておく肥料成分）などが、あらかじめいい具合に混ぜ合わさっているみたい。つまり、栽培に適した土作りの工程を省略できるということのようです。

でも、実際に農家の畑の土はこんな感じではありません。黒々と湿り気を含んだ土のイメージです。そもそもバーミキュライトって何でしょう？　パーライトって？　ネットでググってみます。バーミキュライトは「酸化ケイ素、酸化マグネシウム、酸化アルミニウムを主成分とする鉱物で、高温でバーミキュライト原石を加熱処理して容積が何倍にもなった」もの（焼成バーミキュライト）で、一般に土壌改良資材として使われているようです。多孔質で保水性が高く、同じく鉱物からできる排水性に優れたパーライトを組み合わせることで農業・園芸用の土地改良用土として広く使われていると書いてあります。

都内で、しかもマンションのベランダで栽培しようとすると、これ以外に土の調達のしようはほとんどないみたいです。すでに有機（それはさておき、ですが）とは大きくかけ離れて「お手軽農法」に走っている気もしますが、ホームセンターで大量に売られていて多くの人が買っていくものですから、「有機」にこだわらなければ、多分、間違いはないのだろうと思います。

ネットの情報やタネの袋に書いてある情報を元に、まずは種まき。最初に挑戦したのはバジル、大葉、コリアンダー、ミニトマトです。あまり手間がかからないと評判だったため、これらを選びました。栽培入門者、特にベランダでお手軽に始めようという初心者にとって、手間がかからないというのはとても大事です。結果は……収穫はできた！　かな。ここは植物が本来持つ力に助けられたなという印象です。有り体に言えば、勝手に育ってくれました。売られているものに比べてやや小振りだったり、色が薄いような気がしないでもないのですが、味的に問題はありません。……とくに美味しいわけではないけれど。

ベランダ栽培だもの、「旨い」までは期待しすぎでしょうか？
それともう一つ、ミニトマトが十分に実がつきませんでした。この失敗の理由はわかっています。脇芽を摘む際に間違って主茎を切ってしまったからです。主茎と見間違うほど脇芽を放っておいたのがそもそもダメですね。

▓2年目に向けて土をどう処理していいかわからない
▓栽培の基本ができていないことを痛感！

イチゴも苗から栽培してみました。実がなるにはなったのですが、かなり小さめ。それと、いつ収穫すべきかよくわからず、イチゴ農園みたいに上手にプランターの縁にぶら下がってくれないため、実が土に着いてしまって、食べていいものかどうか微妙な状態になっているものもあります。やっぱりワラを敷くとかマルチングしてみるとか必要なんだろうなあ。

さて、失敗と失敗を繰り返し、それでも少しだけれども収穫に与った初年度。
2年目に向けて、作り終わったプランター、つまり、うちの畑をどうしたらいい？　具体的に言えば土をどうしたらいいのか分かりません。放っておくと、どこからともなく雑草が忍び込んできます。百花ならぬ百草繚乱状態です。この状態から次の種まきまで、どう処理していいのやら。土は勝手に捨てることができません。しかも「一度植物を育てた土は栄養もなく、また植物の根や茎が残っていると細菌繁殖の原因にもなることがある」なんて記事もあります。

土を再生する方法もあるようですが、「根や石などを取り除き、ふるいにかけた土をビニールシートなどの上にのせる。土に水をかけて湿らせ、よくかき混ぜる。土全体が湿ったら黒いポリ袋に入れ、天日干しで2、3週間ほど乾燥させると消毒殺菌ができる。この土に肥料などを加え」完成らしいです。

土づくりが大事なのはわかります。だからこそ、きちんと土作り、土の再生を行うべきなんでしょうが、ベランダ環境ではハードルもとてつもなく高そうです。

とにもかくにも、1年目で栽培の基本ができていないことを痛感しました。ベランダ菜園を上手に長く続けるためにも、ここはまず基本をきちんと整理して身につける必要がありそうです。

1年目で学んだことがもう一つあります。必要な分だけ作るのは難しいということです。適当につくると消費することはが難しいということです。

たとえば多くのタネの袋に書いてある種まきの方法は、畑を基準にしています。「プランターでは」と書いてあるケースもありますが、その分量を撒くととんでもない量が一時期に一斉に食べごろになります。たくさんなるととても嬉しい。でも実際、1度にたくさんできても食べきれません。放っておくと、食べごろを過ぎてしまいます。

誰かにあげられるならいいのだけれど、マンション暮らしは甘くありません。誰がどうやってつくったかわからない野菜を受け取ってくれるご近所さんはまずいません。友人だってどうか。バジルなど、バジルソースを作っておき冷凍保存すれば遣い道はある。でもそうはいかないものもある。

また、できれば季節ごとに旬の野菜を作りたい。上手に季節をつないでいくにはどうしたらのか？　一度、きちんと農業を学ぶ必要があるみたいだ。

■まずはふるさと農園で
■吉田さん指導のもと有機栽培を体験してみた

そこで、吉田さんの農園で農業の基礎を学ぶことにしました。といっても農家になるわけじゃないので、作物栽培の基本を身につけるって程度ではありますが。
最初に諭されたように、有機とはあくまで「大地に根ざした農業」だから、本来ベランダでは無理です。そのことをよく理解した上でよりよいベランダ栽培をしたい、おいしくて安全な野菜を自ら作って収穫したいというのがこの本の目的です。

ふるさと農園は「単なる貸し農園ではなく、栽培講習会や収穫感謝祭、農園づくりコンテストなどを行いながら、有機農業を主体とする安全安心な野菜づくりを実践」する場です。だから、この本の目的に叶っています。それに吉田さんがいますからね。
もう一つ言えば、私の生まれ故郷でもあります。

ふるさと農園の圃場でつくれる野菜は多種多様です。もともと群馬県の甘楽町あたりでは多くの農産物が作られています。豊かな土壌と自然環境に恵まれているためです。
また、青年海外協力隊の派遣前の農業研修、海外からの農業研修生の受け入れを積極的に行ってきた経緯があり、市民を受け入れて指導を行ってくれる下地が整っているのです。

ふるさと農園以外にも、蕎麦作り入門では甘楽町那須地区の標高700mの畑で地元の蕎麦作り名人に入門し、蕎麦の種まきから蕎麦打ちまで体験することができます。自分で育て

た蕎麦を収穫して自分で打って茹でて食べる。何と贅沢な。

** ** ** ** **

この本の主だった部分はふるさと農園での野菜作りの実践報告です。種まきから肥料や離、土寄せ、雑草取り、収穫の手順を写真と、そして QR コードでリンクする映像でわかりやすく伝えています。
そして有機農法のキモでもある土作りについて、できるだけ詳しく触れてみようと思います。
興味を持たれ方が、実際に農場へ出て作物作りをはじめられるとしたらこんなうれしいことはありません。
ただ、本書のきっかけはベランダでの野菜作りです。有機農法で学んだことをできるだけベランダ菜園に落とし込んで、美味しい旬の野菜づくりをベランダでできたら……。そんなことが可能になるのであれば、さらにうれしい限りです。

繰り返しますが、「有機とは大地に根ざした農業」です。プランターではできません。でも、旬の、安心安全な野菜を育て食べたい。それを自分の手で作ってみたい……たとえベランダでも。本書がそんな皆さんへの一助となれば幸いです。

QRコードで栽培手順を動画解説

楽しく作る、美味しく食べる ——有機栽培の家庭菜園・ベランダ菜園入門

QRコードはデンソーウェーブの登録商標です

第1章

春の収穫

初めて栽培するときは市販の苗を購入する

イチゴ

ここが栽培ポイント

- 連作を嫌うので1~2年の輪作が望ましいのですが、家庭菜園では豊富な堆肥と肥料で連作をすることができます。
- 一般的な露地栽培では秋に苗を植え5月に収穫します。
- イチゴは根が弱く、肥料あたりをしやすいため根元から少し離して与えます。
- 冬には休眠に入り、越冬中ではほとんど生育しません。休眠が冷めるのは2月下旬、この頃に追肥を行います。

栽培カレンダー

| 1月 | 2月 | 3月 | 4月 | 5月 | 6月 | 7月 | 8月 | 9月 | 10月 | 11月 | 12月 |

■ タネまき　■ 植えつけ　■ 収穫　…… 育苗または成育中

畑の準備　　　　　　　　植え付け〜収穫

*1：親株から伸びるつる（次ページイラスト参照）
*2：苗の根元にある王冠のような部分（次ページイラスト参照）

畑の準備

基本的には秋植えがメインになります。イチゴは果実なのでリン酸が多い米ぬかや鶏ふんを施します。

■1 肥料を施す

栽培予定地の中央に深さ40cmほどの溝を掘り、堆肥、かきガラ石灰、米ぬか、枯れ草や収穫物の茎葉を入れ込んで元肥にする。888有機肥料、鶏ふんをまいて表土をレーキで混ぜ合わせます。

■2 畝を立てる

幅60cm、高さ20cmの畝を立て表面をレーキでならします。

条間 40〜45cm
株　　20cm
60cm

植え付け

■1 植え付ける

イチゴの花は、ランナー*1の反対側に出てきます。通路側に実をならせたい場合は、株間30cm、条間40〜45cmをとり、ランナー片が畝の内側を向くようにして、クラウン*2が土で隠れない程度に浅めに植えます。

ランナーが確認できない場合は、株全体が曲がっている方に花房がつきます。

株元のクラウンまで埋めてしまうと、新芽が出にくくなり生育不良の原因になります。

植え付け後の管理

◱越冬
イチゴは 11 月中旬ごろから休眠に入るためほとんど生育しません。

◲マルチを張る
新葉が動き始める 2 月末にマルチ*3を張り、春の生育と果実の保護をします。

◳追肥を施す
マルチを張る前にボカシ*4をまき、開花後に数回のゴミ汁液肥などをマルチの中に注ぎます。

生育

厳寒期を乗り越え、株元のクラウンから新しい葉が出て、一気に苗は大きくなります。
根元のクラウンからはがすように古い葉の摘葉をすることで一段と株に勢いがでます。

開花と結実

イチゴの開花時期には、ナミハナアブやミツバチが受粉してくれます。果実が膨らんでくるこの時期は、ランナーが出るので切り取ります。

収穫

果実全体が赤く熟し甘い香りがしてきたら収穫します。果実は、1 番果が大きくて甘く、徐々に小粒になります。

イチゴを摘むときは、果茎に対して果実を上方向直角にして、軽く引きちぎると、株を痛めずに採れます。

苗にする子株をとる
実がなった後の花芽はランナーになり、子株ができます。1 番目の子株は親の病気を受け継いでいる可能性があるので、2~3 番目の子株を苗にします。

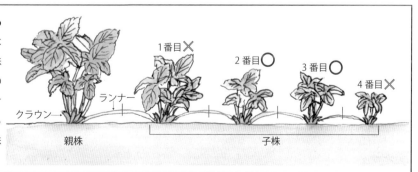

1番目✕　2番目◯　3番目◯　4番目✕
クラウン　ランナー　親株　子株

*3：作物や植物の株元の地表面をビニールシートやポリフィルムシート、藁やバークチップなどで覆う方法
*4：油かすや米ぬかなど有機肥料に土やもみがらを混ぜて発酵させて作る肥料

アブラムシの発生を抑えるのがポイント

ソラマメ

ここが栽培ポイント

- ◉連作を嫌うので、4～5年の輪作を勧めます。
- ◉ポットにタネをまいて育苗後に植えつけますが、直まきもできます。
- ◉10月下旬から11月上旬がタネまきの適期です。幼苗は寒さには強いので、植え付けて越冬させます。
- ◉元肥を入れて畝を立てます。株間45cmを目安にポット育苗の苗を植え付ける。
- ◉有機マルチで土の乾燥を防ぎ、寒さが厳しくなったら笹竹などで防寒してやります。

栽培カレンダー

1月	2月	3月	4月	5月	6月	7月	8月	9月	10月	11月	12月

■タネまき ■植えつけ ■収穫 …… 育苗または成育中

畑の準備　　　タネまき～収穫

畑の準備

10月下旬には元肥を畑を入れ耕します。実取りなので異物があってもかまいません。

■肥料を施す

栽培予定地の中央に深さ35cmほどの溝を掘り、1㎡当たり肥料5kg、888有機肥料、かきガラ石灰を一握りまいて表土をレーキで混ぜ合わせます。

■畝を立てる

幅135cm、高さ10cmの畝を立て、表面をレーキでならします。（1条間の時は60cmで畝を立てる）

■マルチを張る場合

マルチを張り株間45cm、条間70cmの穴をあけます。

条間 70 cm
株　　　10cm
135 cm

苗作り

■タネを用意する

直まきもできるが、生育をそろえるためにもポット育苗がお薦めです。

1ポットに2~3粒ずつ「おはぐろ（根と芽が出る黒い筋の部分）」を斜め下にしてまきます。

黒い部分が「おはぐろ」です。

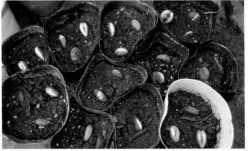

乾燥させないよう水をやります。約1週間で発芽します。

発芽後の管理と植え付け

本葉が出た後に生育の良い1本を残して間引きます。本葉が3〜4枚が植え付けの適期です。

❶植え付ける

ポット苗を株間45cm目安に、畝に並べて植え付けます。根がポットの底で巻いていますが、そのまま植え付けます。

❷生育

冬には少しずつ成長します。落葉や堆肥などの有機物でマルチングして土の乾燥を防ぎます。

❸防寒対策

霜などの被害が出ないように、笹竹などをたてて防寒してやります。

❹追肥を施す

彼岸を過ぎるころから株は急速に成長し、花が咲き始めます。水やりを兼ねた液肥や888有機肥料を施します。

❺転倒防止

春先、草丈が40〜50cm前後に伸びてきたら、茎の大きいもの7〜8本に整枝*¹する。その後、枝が倒れないように周囲をヒモで囲います。また、60〜70cmになったら先端を摘心*²し、養分を豆に向けます。

❻アブラムシ対策

春先の新葉や幼サヤにはアブラムシが群がるので、早めに薬剤散布で防除する。

天敵による害虫防除

テントウムシはアブラムシをよく食べます。自然の天敵を利用した防除を活用します。

収穫

空を見上げていたサヤが、豆の重みで下を向いてきます。さらに、サヤの背筋に黒い筋が見え始めたら収穫の目印になります。

＊1：できるだけ太く節間のつまった枝を7〜8本ほど残すようにして、他をカットする行為
＊2：養分を豆に向けさせるため、枝の先端をハサミでカットする行為

収穫量が多い密植栽培でこまめに収穫します

サヤエンドウ
スナップエンドウ

栽培カレンダー

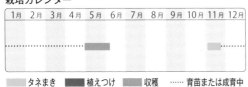

1月	2月	3月	4月	5月	6月	7月	8月	9月	10月	11月	12月

□ タネまき　■ 植えつけ　■ 収穫　…… 育苗または成育中

畑の準備　　　　タネまき〜収穫

畑の準備

栽培には酸性土壌は不適なので、草木灰やかきガラ石灰で土壌改良をします。

1 肥料を施す

1㎡当たり肥料500g、888有機肥料、かきガラ石灰を一握りまいて表土をレーキで混ぜ合わせます。

2 畝を立てる

幅60cm、高さ10cmの畝を立て、表面をレーキでならします。

タネまき

一般的には株間15cmぐらいでまきますが、収穫を見込む場合には密植させてまきます。

1 タネをまく

畝の中央に1条、タネの間隔は3cmのすじまきにして、指で1cmぐらい押し込みレーキで平らにならします。

収穫

サヤエンドウは実がふくらみ始めるころの若いサヤを、付け根から摘み取って収穫します。開花から10日から2週間ほどでどんどん採れはじめます。実が大きくなると生育が衰えるので、こまめに収穫します。収穫は1か月ぐらい続きます。

スナップエンドウも基本的には同じ栽培
中の実が膨らんでからまとめて収穫します。

発芽後の管理

タネまき後、3週間で発芽が出そろいます。間引きはしないでそのまま育てます。

1 防寒対策

霜による凍害や風よけのため、笹竹やわらなどで覆って防寒します。

2 支柱を立てる

3月下旬ごろ、つるが伸び始める前に笹竹を抜いて支柱を立てます。ヒモか10cm目合いのネットを垂らしておけば自然に巻き付き、倒伏を防ぐことができます。

3 追肥を施す

4月になれば急速に生育し、花が次々と咲いていきますので、追肥を施します。

サヤエンドウのツナ入りバター炒め

サヤエンドウの筋を取り除き、バターで炒め、ツナを入れて、塩、コショウとオイスターソースで味を調えます。

ジャガイモは品種が多く、食べ比べするのも楽しい

ジャガイモ

ここが栽培ポイント

◉ 連作を嫌うので2~3年の輪作が望ましいでしょう。

◉ 春植えでは初夏に収穫します。8月下旬に植えると11月に収穫できます。

◉ 暑さには弱く冷涼な気候を好みます。

◉ ジャガイモは短期作物なので、収穫時に肥料が切れる元肥のみの栽培が基本です。枯れて完熟した方が味が濃くなるようです。

◉ 晴れの日に収穫し、半日ほど天日干ししてから保存します。

栽培カレンダー

| 1月 | 2月 | 3月 | 4月 | 5月 | 6月 | 7月 | 8月 | 9月 | 10月 | 11月 | 12月 |

春植え（ポリトンネル栽培）

夏植え

| | タネまき | | 植えつけ | | 収穫 | …… 育苗または成育中 |

畑の準備　　　植え付け~収穫

畑の準備

2月下旬、植え付け予定地に1条植えを前提に、深さ10~15cmの植え溝を掘ります。マルチをかけない栽培なら、土寄せによって自然と畝の形ができるので、畝作りをする必要はありません。

1 肥料を施す

植え付け予定地に深さ10~15cmの溝を掘り、元肥、かきガラ有機肥料を入れよく耕しておきます。

2 畝作り

20cm
10~15 cm

植え付け

植え付け後の土寄せ作業などを考慮して、必ず1条植えにします。タネイモは芽を横か下にして置き、肥料を施したら土をかけて畝にします。

タネイモを準備する

小さなイモは1個、大きなイモは頂部（芽が集中している箇所）から基部にかけて2~4片に切り分けてタネイモにします。

切り口から腐敗しないように草木灰をまぶします。

芽

大きなイモは
4つに切る

切り口に灰をまぶす

1 植え付ける

植え溝に30cm間隔でタネイモの芽を横か下にして置き、必ず切り口を下にして土に押し込むよう置きます。

2 タネイモの上に 7~8cmの厚さの土をかけ、幅
60cm、高さ 20cmの畝にすします。

タネイモに肥料を付着させない。
タネイモに肥料が付着すると腐ることが多いので、
肥料が付着しないように注
意しましょう。植え込んだ
タネイモに土をかぶせるか、
イモとイモの間に肥料をま
く方が安全です。

発芽後の管理

1 芽かきをする
大きなイモにするために、芽が 10~15cmに伸び
たら、勢いがある太い芽を 1~2 本残して抜き取

ります。タネイモが
浮き上がらないよう
株元を押さえ、土の
中に手を差し込んで
芽を横に引き抜くよ
うに摘み取ります。

2 土寄せをする
芽かき後、株元までしっかりと土寄せする。イモ
が肥大して地表に出てしまうと、日光に当たり表

皮が緑化してしまうので 2 回目の土寄せを行う。

収穫

地上部の茎葉が黄変してきたら収穫の目安です。
一度、試し掘りして生育状態を確認します。イモ
を傷つけないように、株から少し遠めにスコップ
入れ掘り起こします。最後に取り残さないために
手で丁寧に収穫します。また、収穫は晴天の日に
行い半日ほど天日干ししてから、袋などに入れて
冷暗所に保存します。

お薦めの品種
男爵、キタアカリ、メークイン、アンデス、デ
ジマ

ジャガイモコロッケを作る

新ジャガイモを茹でて皮をむき、コロッケを作ります。
●材料
ジャガイモ（数個）、タマネギ（数個）、ニンジン（適宜）、
挽肉 15g、オイスターソース（大さじ 1）、塩、コショウ、
山椒、ナツメグ（適宜）、オリーブオイル、卵、パン粉
①ジャガイモを茹でて皮をむき、ボールに入れて潰す。
②ジャガイモ以外をオリーブオイルで炒めたら、①に
混ぜ合わせる。③コロッケの大きさにして、卵やパン
粉で整形する。④油で揚げて完成。

周年栽培ができますが、冬が旬の緑黄色野菜

コマツナ

1年中栽培でき、ほとんどの土壌に適応します。タネまきから収穫まで約3週間と短く、カルシウムが多い野菜です。

🈁肥料を施す

堆肥、888有機肥料とかきガラ石灰を一握りまいて表土をレーキで混ぜ合わせます。

🈁畝を立てる

幅60cm、高さ10cmの畝を立て、表面をレーキで平らにならします。

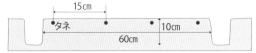

🈁マルチを張る場合

株間15cm、条間15cm×4条の穴あき黒マルチを張ります。

ここが栽培ポイント

- ◉連作の害はほとんどありません。堆肥を十分に入れれば連続栽培も可能です。
- ◉1年中栽培でき、栽培期間が3週間で収穫できます。
- ◉穴あきマルチか路地でのすじまきで栽培します。
- ◉不織布のベタがけや防虫網トンネルで被覆して害虫を防除する。
- ◉収穫期には水やりを控え、草丈20~25cmごろが最も濃厚な味になります。

栽培カレンダー

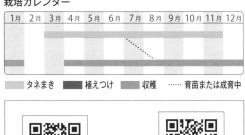

1月	2月	3月	4月	5月	6月	7月	8月	9月	10月	11月	12月

■ タネまき　■ 植えつけ　■ 収穫　…… 育苗または成育中

畑の準備

タネまき～収穫

🈁タネをまく

マルチの穴に数粒を点まき*1し、土をかけ軽く土を押さえます。

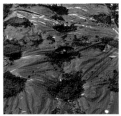

🈁発芽率を高めるため水を与える

タネをまいた直後に、水をたっぷりかけます。

🈁不織布防虫網トンネルをかける

防虫網トンネルをかけてアオムシやコナガなどの害虫を防除します。

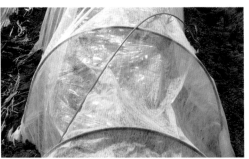

　＊1：一定の間隔で蒔き穴を作り、1ヵ所に数粒ずつまきつける方法

間引き

苗が混み合っている箇所は間引きします。引き抜いてもいいですが、根元からハサミで切り取る方が苗の根を傷めず、生育がよいです。

収穫

草丈20cmほどになったら収穫適期になります。春の収穫よりも冬のコマツナは少し短めで、葉も肉厚になります。

1収穫する

根元をハサミか包丁、または鎌で切って収穫します。根は微生物で分解され畑の肥料となります。

混植のすすめ

コマツナは成育が早いので、ほかの野菜との混植ができます。レタスやキュウリなど組み合わせを考えるのも、畑をむだなく使う方法です。

収穫をずらす方法

同時に収穫できるので、畑に置きすぎると茎が固くなり食味が悪くなります。まく時期をずらせばいつでも美味しいコマツナを食べられます。

品種は早生・中生・晩生があり、定植時期が変わる

タマネギ

ここが栽培ポイント

◎連作を嫌うので2~3年の輪作が望ましいが、家庭菜園では豊富な堆肥と肥料で連作をすることができます。

◎9月上旬～中旬にタネをまき11月には植え付けます。苗はタネから栽培するのが難しい野菜なので買って植え付けるのが簡単です。

◎水はけのよい場所に植え付けます。

◎リン酸系肥料を多めに草木灰やボカシを施し表面をならし平に整地する。

栽培カレンダー

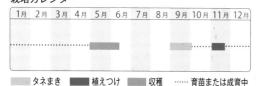

1月	2月	3月	4月	5月	6月	7月	8月	9月	10月	11月	12月

▓ タネまき　■ 植えつけ　▓ 収穫　…… 育苗または成育中

畑の準備

植え付け～収穫

畑の準備

基本的には秋に苗を育てて、11月中旬に植え付けとなります。ここでは、苗を買い求めた育成方法を説明します。

1 肥料を施す

植え付け予定地にボカシ堆肥、888有機肥料、かきガラ石灰をまきよくレーキで混ぜ合わせます。

2 畝を立てる

幅60cm、高さ10cmの畝を作り、表面をレーキで水平にならします。

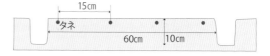

3 マルチを張る

幅90cm、株間15cm、条間15cm×4条の穴あき黒マルチをかけます。マルチが風などで浮き上がらないように、市販のマルチ押さえピンで押さえるか支柱、小石などで押さえる。

植え付け

1 苗をそろえる

苗を植え付ける前に茎の太いもの、細いものなど分別します。そうすることで全体が同じ大きさの玉がそろいます。

2 マルチの穴に植え付ける

マルチの穴に指で押し込み、5cm以上の深植えにならないよう1本ずつ植えていきます。植え終わったら根元がぐらつかないように、軽く土を寄せて押さえます。

3 植え付け直後の苗は倒れている

新根が出てくると起き上がってきます。土が乾い

ている場合は十分に水やりをします。

4 追肥

月1度のペースで水やりをかねて液肥を施します。

5 トンネルかけと外し

冬の間にいかに成育させるかがポイント。トンネル*[1] 栽培で保温します。3~4月上旬になったらトンネルを外します。

1 収穫する

5~6月、玉が肥大して株全体の8割以上が倒れたら収穫適期。葉付きの状態で根元を持って引き抜き、そのまま畑で乾かします。雨だからといって収穫時期をずらすと、水を吸い上げて水太りの玉になり貯蔵中に腐りやすくなります。少々の雨なら収穫してしまいましょう。

2 保存

収穫したタマネギは、同じ大きさの玉5~10個まとめ、葉付きのまま株元を結束し、雨の当たらない風通しのよい日陰に吊るして保存します。乾燥が不十分のまま茎葉を切り落とすと、切り口にカビが発生して腐る原因になります。

タマネギ多めのカレーを作る

収穫したタマネギ2個分をしっかり炒めて作る、旨さ引き立つ野菜カレーを作る。

●材料

新タマネギ2個、ニンニク2片、トウガラシ1個、ショウガ（適宜）、ニンジン、ジャガイモ2個、キノコ類（適宜）、セロリ（適宜）、トマト、昆布と鰹節（適宜）、バター、クミン、ガラムマサラ、市販のカレールウ

タマネギをしっかり炒め、甘さを引き出すことがポイント。昆布と鰹節を加えることで味に深みが増します。

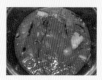

＊1：プランターや畝にトンネル用支柱をわたして、不織布、寒冷紗、防虫ネット、遮光ネットなどで覆うことをいいます。出来上がりがトンネル状になることから、この呼称があります。

品種も豊富でほぼ1年中栽培できる人気野菜です

キャベツ

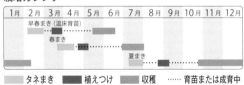
ここが栽培ポイント

- 連作を嫌うので2~3年の輪作が望ましいが、家庭菜園では豊富な堆肥と肥料で連作をすることができます。
- 多くの害虫が集まるキャベツには、防虫ネットや寒冷紗を使いトンネル栽培で害虫防除が必要です。
- 春・夏・秋と品種を組み合わせてまくことができ、1年中栽培することができます。
- 苗はたくさん販売されているので、家庭菜園では買って植え付けるのが簡単です。

栽培カレンダー

	1月	2月	3月	4月	5月	6月	7月	8月	9月	10月	11月	12月
早春まき（温床育苗）			■									
春まき				■								
夏まき								■				

■ タネまき　■ 植えつけ　■ 収穫　……育苗または成育中

畑の準備

植え付け～収穫

畑の準備

栽培時期に合わせて品種を選びます。路地植えで防虫トンネルは欠かせません。

1 肥料を施す

栽培予定地に1m²当たり堆肥5kg、ボカシ300g、888有機肥料、かきガラ石灰を一握りまいて表土をレーキで混ぜ合わせます。

2 畝を立てる

幅60cm、高さ10cmの畝を立てて表面を平らにならします。

45cm
タネ　10cm
60cm

植え付け

苗は本葉4~5枚に育ったころが植え付けの適期です。ポット苗は根鉢を崩さず、根を切らないよう注意してポットから取り出します。

1 植え付ける

株間30cm、条間45cm×2条に植え付けます。子葉を地上に出して浅めに植え、根元をしっかり押さえつけます。

植え付けた後、乾燥と雑草防止のため、枯れ草などの有機物（堆肥）などでマルチングします。その上からたっぷりの水をやります。

収穫

収穫時期の目安

品種にもよりますが、球が直径20cm大に大きくなり、手で球を押さえてみて固くしまっていれば収穫適期です。

外葉を付けて収穫

外葉を2~3枚付けて切り取った後、外葉をはぎ取るときれいに収穫できます。また、外葉を付けたまま保存した方が傷みが少なくなります。

植え付け後の管理

■トンネルをかける

植え付け後、すぐに防虫網トンネルを張り虫除けを徹底することが重要です。

病害虫の主な種類

●ネキリムシ
キャベツの株元に潜っていて夜に出てきて、茎をかき切ってしまいます。

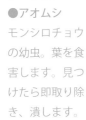

●アオムシ
モンシロチョウの幼虫。葉を食害します。見つけたら即取り除き、潰します。

●ヨトウムシ
夜に出てきて葉を食害します。ひどい場合は葉脈だけ残して食べ尽くされることもあります。

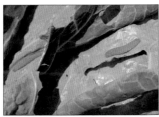

採りたてのキャベツを食べたい

収穫直後のみずみずしいキャベツは、千切りにしてとんかつの付け合わせに。サラダ、煮物、炒め物と、キャベツの甘みが食欲をそそります。

独特の風味で食欲をそそる健康スタミナ野菜

ニンニク

ここが栽培ポイント

- ◉連作を嫌うので 2~3 年の輪作が望ましいが、家庭菜園では豊富な堆肥と肥料で連作をすることができます。
- ◉住んでいる地域に合わせた品種を選び、タネ球は 1 片ずつにばらして植えつけます。
- ◉マルチ栽培がお薦めです。
- ◉春にとう立ちしたら球に栄養を回すため、蕾を取り除きます。
- ◉収穫後は半日陰に吊るして乾燥させて保存します。

栽培カレンダー

1月	2月	3月	4月	5月	6月	7月	8月	9月	10月	11月	12月

■ タネまき　■ 植えつけ　■ 収穫　…… 育苗または成育中

畑の準備　　　　　植え付け～収穫

畑の準備

長期栽培になるので元肥を十分に施し、土をよく耕して細かくしておきます。

■1 肥料を施す

1㎡当たり 5kg の堆肥を入れ、1㎡当たり 500g のボカシ、888 有機肥料、かきガラ石灰を一握りまいて、表土をレーキで混ぜ合わせます。

■2 畝を立てとマルチ張り

幅 60cm、高さ 10cm の畝を立てます。株間 15 亜cm、条間 15cm× 4 条の穴あき黒マルチを張り、周囲を土寄せして押さえます。

植え付け

植え付けには、鱗片を 1 個ずつにばらしてとがった方を上にして、マルチ穴に深さ 5cm を目安に押し込むように植え付けて、たっぷりの水を与えます。関東での植え付け時期は 8 月下旬～9 月下旬です。

発芽後の管理

発芽はばらつきがあり、芽が出そろうまでに1か月ぐらいかかります。

▌追肥を施す

厳冬期は枯れ葉が目立ちますが、徐々に成育します。冬の間も月1~2回の液肥を追肥します。

▌摘蕾をする

成育最盛期になると、とう（花茎）が立つので早めに摘み取って、球に養分を向け大きくします。

収穫と保存

▌収穫する

5月下旬から6月に入れば茎や葉が枯れ、収穫期となります。晴天を見計らって根元をつかんで引き抜きます。

▌保存する

雨が当たらない、風通しのよい場所に5～10個を束ねてつり下げ保存します。

自宅で黒ニンニクを作る

収穫した屑ニンニクで栄養満点の黒ニンニクを作る。①炊飯器の内釜にニンニクを並べて、乾燥を防ぐ、布巾を載せます。②炊飯器のふたを閉めて保温を開始する。③炊飯器に触れているところが焦げてくるので毎日ひっくり返す。④③を約2週間繰り返して、皮が黒くニンニク臭さが抜ければ完成。⑤10日間日影で自然乾燥させる。⑥空き瓶に保存しますが、発酵し続けるので蓋を開けガスを抜きます。

●材料：ニンニク

次々に伸びる側枝を摘んで香りと風味を楽しむ

シュンギク

ここが栽培ポイント

- 連作を嫌うので1~2年の輪作が望ましいが、家庭菜園では豊富な堆肥と肥料で連作をすることができます。
- 抜き取り栽培と切り取り栽培がありますが、側芽の発生が多い切と取りがお薦めです。
- 畑が乾燥すると葉が枯れて成育が鈍るので、灌水することが大切です。
- 秋まきの場合は、冷害から守るために防寒用のポリトンネルなどで被覆が必要になります。

栽培カレンダー

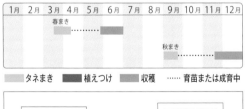

畑の準備　　　　　タネまき～収穫

畑の準備

マルチ栽培の方が適していますが、ここでは露地栽培をしています。

1 肥料を施す

1㎡当たり5kgの堆肥を入れ、ボカシ300g、888有機肥料、かきガラ石灰を一握りまいて表土をレーキで混ぜ合わせます。

2 畝を立てる

幅60㎝、高さ10㎝の畝を立て、表面をレーキでならします。マルチを張る場合は株間15㎝、条間15㎝×4条の穴あき黒マルチを張ります。

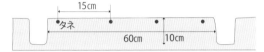

タネまき

1 タネをまく

タネを数粒ひねりながら、8㎝間隔ですじまきします。土は薄くかけ軽く押さえた後、水をたっぷりやって防虫網トンネルで害虫から守ります。

2 間引きをする

元気に生育しているものを残し15㎝間隔に間引きます。

収穫

1 収穫の目安

背丈20㎝ほどになったら収穫します。地上5cmを残して切り取れば、側芽が次々と成長して長期収穫できます。

炒め物、煮物となんでもOKの万能中国野菜です

チンゲンサイ

ここが栽培ポイント

- 連作を嫌うので2~3年の輪作が望ましいが、豊富な堆肥と肥料で1年空けることが望ましい。
- 成育適温は5～35℃と寒さにも強く、直まき栽培で育成します。
- 株間を空けて通気を良くすることで、病気の発生を抑えます。
- 防虫網トンネルか不織布のベタがけで食害を防ぎます。
- 幼苗期に早めに間引き1本立ちにする。

栽培カレンダー

1月	2月	3月	4月	5月	6月	7月	8月	9月	10月	11月	12月

早春まき（温床育苗）
春まき
秋まき

■ タネまき　■ 植えつけ　■ 収穫　…… 育苗または成育中

畑の準備

タネまき~収穫

畑の準備

1 肥料を施す

1㎡当たり5kgの堆肥を入れ、ボカシ300g、888有機肥料、かきガラ石灰を一握りまいて表土をレーキで混ぜ合わせます。

2 畝を立てる

幅60cm、高さ10cmの畝を立て、表面をレーキでならします。マルチを張る場合は株間15cm、条間15cm×4条の穴あき黒マルチを張ります。

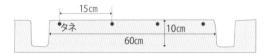

タネまき

1 タネをまく

気温が上がった3月下旬以降、マルチ穴に数粒つまんで深さ1cmにまき、土をかぶせて手で押さえます。土が乾いていると発芽しないので水をたっぷりかけ、防虫網トンネルで害虫から守ります。

2 間引きする

元気な株を残し、その他は間引きます。

収穫

タネまき後1か月ごろから収穫でき、尻張りが良くなったら株元から切って収穫します。

水はけさえ良ければ手軽に作れる緑黄色野菜

ニラ

ここが栽培ポイント

- 最初はタネをまきますが、農園の通路に生えているニラを株分けして植え付ける。
- 長期間収穫できますが、厳寒期には枯れた地上部を切り取り、枯れ草などを敷いて越冬させる。
- 連作の心配はありませんが、株が古くなると葉がやせ細るので、株分けをして若返えしをしてやる。
- ニラにはコンパニオンプランツとして、病原菌を抑える効果があります。

栽培カレンダー

1月	2月	3月	4月	5月	6月	7月	8月	9月	10月	11月	12月

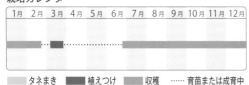

███ タネまき　███ 植えつけ　███ 収穫　‥‥‥ 育苗または成育中

畑の準備　　　　　　　　植え付け～収穫

畑の準備

1㎡当たり堆肥5kg、888有機肥料、かきガラ石灰をまき、レーキで混ぜ合わせます。ただ、一般的には病害虫防除効果から畑の隅などに1列に植えつけることが多いようです。

植え付け

まき溝をつけタネをすじまきしますが、農園の通路に自生している株を分けて植え付けます。

収穫

①収穫する

草丈が20㎝以上に伸びたら、株元から5センチぐらい残して刈り取って収穫します。新芽が再生してきたら同じように収穫します。

コンパニオンプランツとして利用する

春先に開花してタネをつけるニラは、土壌から野菜に伝染する病原菌を抑える効果があるので、邪魔にならない範囲で自生させます。

和食を引き立てる爽やかな香りが特徴の香味野菜

ミツバ

ここが栽培ポイント

- ◉暑さ寒さに弱く、半日陰の冷涼な気候を好むので、真夏や厳寒期には、日よけ・霜よけをする必要があります。
- ◉土壌の乾燥には弱く、本葉5〜6枚に成育するまでは、乾ききらないように適宜水をやります。
- ◉一度作るとタネを採取しなくても、こぼれタネから翌年生えてきて収穫できる。
- ◉買った根ミツバの根を植え付けておくと、葉が出てきます。

栽培カレンダー

| 1月 | 2月 | 3月 | 4月 | 5月 | 6月 | 7月 | 8月 | 9月 | 10月 | 11月 | 12月 |

 タネまき　 植えつけ　 収穫　…… 育苗または成育中

畑の準備　　　　タネまき〜収穫

畑の準備

1㎡当たり堆肥5kg、888有機肥料、かきガラ石灰を一握りまき良く混ぜ合わせ、幅60㎝、高さ10㎝の畝をレーキでつくります。

30㎝
タネ　10㎝
60㎝

タネまき

❶タネをまく

株間20㎝条間30㎝ぐらいにすじまきします。発芽には光が必要なので、土は少しかぶせるぐらいにとどめ手で軽く押さえ、水はたっぷりかけます。

❷成育中には草取りをかねて、根元を中耕する

収穫

収穫は伸びた葉を適宜摘み取るか、ハサミで地上5㎝位を切り取ります。切った後から再生してくるので適宜収穫します。

植えたら10年は収穫できるが肥料食いの野菜！

アスパラガス

- ●永年生なので、一度植えれば10年間は収穫できます。
- ●タネからまくと1年目は収穫できないので、市販の2年生株を買って根を放射状に広げて植え付けます。
- ●土壌が乾燥すると極端に成育が鈍るので、有機マルチを株周りに施す。また、夏の高温期には灌水を十分に施す。
- ●一度植え付けたら同じ場所で生育するので、株周りに年数回の肥料を施します。

栽培カレンダー

| 1月 | 2月 | 3月 | 4月 | 5月 | 6月 | 7月 | 8月 | 9月 | 10月 | 11月 | 12月 |

株を植えつける　　株育成

6月以降は収穫しないで養分を蓄える

■ タネまき　■ 植えつけ　■ 収穫　……育苗または成育中

畑の準備

植え付け〜収穫

畑の準備

1 肥料を施す

栽培予定地の中央に深さ30cmほどの穴を掘り、1㎡当たり5kgの堆肥、ボカシ200g、888有機肥料、かきガラ石灰をまき埋め戻します。

2 畝を立てる

幅60cm、高さ20cmの畝を立て、ボカシや888有機肥料を施し表土をレーキで混ぜ合わせます。

株　　20cm
60cm
割り肥

植え付け

1 植え付ける

購入した苗は芽を上にして、根を放射状に広げて植え付けます。

2 有機マルチを施す

乾燥に弱いので、株の周りに枯れ草などでマルチを施します。

収穫とその後の管理

■ 収穫する

植え付けた年は収穫しないで株の養成にして、翌年から太い茎を株元から切り取って収穫します。

■ 支柱を立てる

風などによって茎が倒れてしまうので、支柱で囲み折れないように支えます。

5月下旬までは収穫し、以後は翌年の収穫のためにそのまま放置します。乾燥が続くと極端に成育が衰えるので水と肥料を適宜与えます。

ベランダで作るアスパラガス

ネット通販で購入したアスパラガスの苗を植え付けます。幅42㎝、高さ32㎝の深型タイプのコンテナに堆肥、落葉、ボカシ、888有機肥料、かきガラ石灰をたっぷり入れて元肥にして、培養土や腐葉土を混ぜ合わせた土コンテナに入れます。

11月に購入したアスパラの苗はまだ小さいですが根を広げるようにして植え付けます。

1月の状態では茎芽が1本出ているので、落葉をもみ崩して有機マルチとしています。
まだ早いですが、ベランダは風が強いので支柱も立てています。

アスパラの肉巻き

アスパラガスを豚バラ肉で巻き、しょうゆベースの甘辛タレを香ばしく絡める。
●材料：アスパラガス2本、豚バラ肉（薄切）100g、塩、黒こしょう、片栗粉、サラダ油　合わせ調味料（酒大さじ1、みりん大さじ1、砂糖小さじ2、しょうゆ大さじ1を混ぜ合わせておきます。
1 アスパラガスは下の硬い部分を切り落とし、根元の1/3ぐらいの皮を剥きます。これをラップに包み、600wのレンジで1分程度加熱する。2 まな板に肉を並べ、塩、黒胡椒を振りながらアスパラを巻き、片栗粉をまぶす。3 フライパンにサラダ油を熱し、中火で火が通るまで焼く。4 合わせ調味料を加え、タレに照りが出てくるまで加熱して完成。

ベランダでは畑と違うので市販の苗を購入する
イチゴ

ここが栽培ポイント

- ◉冷涼な気候を好み、暑さと乾燥を嫌います。秋に苗を植え付けます。
- ◉深植えすると成育は悪くなるので、葉のクラウンが見えるよう浅植えにします。
- ◉イチゴは根が弱く、肥料あたりしやすいので株元から少し離して土に混ぜ合わせる。
- ◉乾燥させると成育が悪くなるので、冬でも鉢土が乾いたらたっぷりと灌水します。
- ◉花はランナーの反対側に咲きます。実を大きくさせるためランナーは摘み取る。

栽培カレンダー

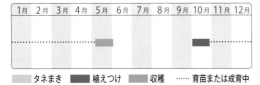

| 1月 | 2月 | 3月 | 4月 | 5月 | 6月 | 7月 | 8月 | 9月 | 10月 | 11月 | 12月 |

■ タネまき ■ 植えつけ ■ 収穫 ……育苗または成育中

栽培用土の準備

植え付け～収穫

苗の植え付け

農園の指導員から戴いた苗を標準プランターに、深植えせずランナーが見えるように植え付けます。落葉を細かく砕いて有機マルチを施します。

標準プランター　　　標準鉢

1 花摘み
寒さには強いのですが、冬に咲いた花や蕾は霜に当たると実をつけないので早めに摘み取ります。

2 追肥
2月下旬になると休眠から冷めて成育を開始します。この時と花が咲き始めたころ追肥を行います。

3 ランナー積み
生育が盛んになるとランナーが伸びてきますが、実を大きくさせるために適宜摘み取ります。

4 人工授粉
昆虫がいない場合は人工授粉をします。

収穫

開花後30日程度が目安で、赤く熟した実から収穫します。

年間を通して採取できる栄養豊富な野菜
アシタバ

ここが栄培ポイント

- 繁殖力が強く摘み取ってもすぐに芽が出てきます。長寿草ともいわれています。
- 培養土を購入して、プランターに植え付ければいつでも収穫できます。
- 水はけが悪い土は極端に嫌うので、赤玉土や腐葉土を混ぜ合わせます。
- 弱酸性の土壌を好みますので石灰を混ぜて調整します。
- 風通しの良い明るい日陰を好みます。軒下やベランダ栽培に適しています。

栽培カレンダー

1月	2月	3月	4月	5月	6月	7月	8月	9月	10月	11月	12月

□ タネまき　■ 植えつけ　■ 収穫　…… 育苗または成育中

栽培用土の準備

植え付け〜収穫

苗の植え付け

市販のポット苗を買うか海岸の土手などに自生している物を採取して、底の深い大型のプランター8〜10号に植え付けます。

大型プランター　　大型深型

1 肥料を施す

プランターの底に赤玉土を敷き、堆肥、バーミキュライト、888有機肥料、かきガラ石灰などを混ぜ合わせ、市販の培養土を入れる。弱酸性の土壌にして水はけを良くします。

2 成長によって苗を植え替え

本葉がたくさんついたら、大きめのプランターや鉢に植え替えを行います。

3 追肥

肥料切れの場合は、油かすや鶏ふんを施します。

4 防虫対策

蛾や蝶の幼虫、アブラムシなどから守ります。見つけたら取り除くなどの対策を施します。

5 アシタバは乾燥しすぎると成長を止めてしまうため、適度に湿り気を保つよう水やりをします。

天ぷらにすると臭みは消える

栄養価が高く、天ぷらやかき揚げ、おひたし、和え物、バター炒め、卵とじとなどお薦めです。

達人・吉田恭一が教える
春・夏野菜の栽培のコツ

タネのまき方

主に次の3つのまき方があります。栽培する野菜のよって最適なまき方を選択しましょう。

●点まき

タネをまきたい箇所にビンの底などを押し当てて直径5～10cm程度のくぼみをつくり、タネが重ならないように数粒ずつまきます。くぼみの間隔を調整することで必要な株間を確保することができます。比較的タネが大きい野菜や、根菜類のように大きく育つ野菜に向いています。

点まきが適している野菜：トウモロコシ、エダマメ、インゲン、ダイコン、エンドウ、ハクサイ

●ばらまき

タネが小さい野菜に適しています。均一に栽培地にタネをまきます。

葉野菜類に適しています。大量に発芽した場合は間引きして、間引き菜を収穫できます。風などで飛ばないように土壌を十分に湿らせておく必要があります。また、発芽に光を必要としない野菜の場合は、まいた後に上から土をかぶせます。

ばらまきが適している野菜：ホウレンソウ、タマネギ、シュンギク、ニンジン、ハツカダイコン、ネギ

●すじまき

栽培地にすじ状の凹みをつくり、タネを落とし入れ、土をかぶせる方法です。点まきよりも多くのタネをまくことができ、ばらまきよりは間引きがしやすくなります。主にニンジンやダイコンなどの直根性野菜に用いられます。

すじまきが適している野菜：ニンジン、ダイコン、キャベツ、カブ、レタス、雑菜類

例えば、ダイコンはすじまきをして数回に分けて間引くことで、最終的には株間を30cmほどに空けます。間引いたものはそのまま食べることで収穫となります。

また、ばらまきのケースでまきすぎないことも重要です。特にプランターによる栽培の場合、タネ袋には一袋でプランター5つ分以上のタネが入っています。これを全部まいてしまうと上手に育てることができません。

タネの残りは冷蔵庫などに保管すれば、1～2年は持ちます。

覆土

発芽に光が必要な野菜の場合、光がタネに届くように、ばらまきして覆土をしない、あるいはふるいにかけた土を薄くかぶせる程度にとどめておくことがあります。

一般的なタネではタネの厚さの2～3倍の厚さを目安に土をかぶせます。また、湿気が多い場合には薄め、乾燥気味の場合には厚目にかぶせます。

・ジャガイモは種の大きさによりますが、基本的に2倍土をかけましょう。

・ニンジンのように毛が生えている種は、種と土が接触するように圧縮（足で踏みつける）した方が発芽率が上がります。

・ホウレンソウやオクラのような固い種は、お風呂の湯に1昼夜浸してまきますが乾燥させないように灌水を施します。

・ショウガは夏に葉ショウガ、秋に根ショウガを食べます。間引きながら食べていきます。

ショウガは半日陰を好むので、サトイモの陰になるようなところに植え付けます。半日陰を好む野菜はミョウガ、ミツバ、コンニャクなど。また、木やクネ（生垣など）の近くを選びます。

移植栽培

移植栽培とは、ポリポットや育苗箱などにタネをまいて苗を育て、それを畑に植え替える栽培方法です。ダイコンやニンジンなどの根菜類には不向きですが、それ以外なら、畑以外でも効率よく苗を育てることができます。

水が無い場合の移植・種まきの農家のテクニック。畝に三筋の掘りを入れ、一番低いところに植え付け（種まき）て根の所を踏みつけることにより、土と根を密着させれば少し萎れても芯が枯れることはありません。

1月〜2月畑に苗を植え付ける場合

←トンネルをかける

畝を3条掘り下げたところに苗を植え、根と土が密着するように足で踏みつける。

収穫について

・カボチャはヘタの部分のコルク線が主茎に達すれば収穫適期（開花から40〜45日）。

・スイカの花は1日で咲くので、その時受粉させ日時をノートに書いておきます。受粉から約50日で収穫できます。たたいて音が響くことやつるが枯れても当てにはなりません。

・トウモロコシは2週間おきにまけば秋口まで収穫することができます。

肥料・マルチについて

肥料がたくさん入れば良いものができるというものではありません。野菜は、土自体の地力で育ちます。ジャガイモ、サツマイモ類などは、肥料が多いとあまり美味くなりませんし、背丈ばかりが大きくなって実がならない場合があります。タネの特徴を知り、まき方や保存法など、適切な扱い方を学び、農園の野菜づくりに活かしましょう。

ポリフィルムやビニルフィルムで土壌を覆って野菜などを栽培することをマルチ栽培と言います。地温を上げることで雑草の発生を抑制したり、水分の蒸発を抑えて水やりの回数路少なくできるなどの利点があります。
日光が当たると透明マルチはマルチ内の気温を上げ、黒マルチは光を通さないので地温は上がらない。真夏では透明マルチは植物を痛める恐れがあるので注意します。

野菜の温度適応性

低い温度を好む野菜（生育適温 15 ～ 20℃）		高い気温を好む野菜（生育適温 23 ～ 27℃）	
寒さに強い（0℃近くでも枯れない）	寒さにやや弱い	暑さに強い（30 ～ 32℃でも成長する）	暑さにやや弱い
●エンドウ、ソラマメ ●イチゴ ●ダイコン、カブ ●ハクサイ、キャベツ、キョウナ、コマツナ、漬け菜類 ●ホウレンソウ ●ネギ、ラッキョウ	●ジャガイモ ●ニンジン ●カリフラワー、ブロッコリー、 ●セロリー、パセリ ●レタス ●シュンギク、フダンソウ、ミツバ ●ニンニク、ワケギ	●エダマメ、ササゲ ●シロウリ、ニガウリ、ヘチマ、ユウガオ ●ナス、ピーマン、トウガラシ ●オクラ ●ショウガ、サツマイモ、サトイモ、ナガイモ ●シソ ●ツルムラサキ ●ニラ	●インゲンマメ ●カボチャ、キュウリ、スイカ、マクワウリ ●トマト ●トウモロコシ ●ゴボウ ●ケール ●アスパラガス、フキ

平成 31 年 3 月 10 日「春の栽培講習会」資料より

有機栽培とは

有機栽培とは、一般に次のように定義されています。

「化学的に合成された肥料及び農薬を使用しないこと、並びに遺伝子組換え技術を利用しないことを基本として、農業生産に由来する環境への負荷をできる限り低減した農業生産の方法を用いて行われる農業」。

「農業生産に由来する環境への負荷をできる限り低減した農業生産」ということについて考えてみましょう。

自然界の野山では春に植物は芽吹き、夏に生繁って、秋冬には落ち葉（枯葉）となって地面に堆積します。落ち葉は土壌生物[*1]に食べられ、土壌微生物[*2]によりゆっくり分解されて土に還り、再び植物の生長する養分として利用されます。この循環が連綿と繰り返されて植物は生長しています。

有機栽培は、この自然の循環にならって落ち葉、雑草、収穫後に出るゴミなどの有機物を堆肥化して畑に投入し、人為的に自然環境を作り出して土壌生物によって分解された土作りをし、化学肥料や農薬は一切使用しない野菜栽培の農法です。

土の団粒構造

したがって、有機栽培では土壌の生物が活発に生きられる環境、つまり土作りがとても大事になってきます。それが土の団粒構造です。土中の無数の微生物による食物連鎖の中で有機物が分解されていき、無機の窒素、リン酸、カリウムなどが水溶性有機物質となって作物の養分として吸収されます。

また、有機物由来の腐植は砂や粘土などの粒子と固まって団粒を構成します。大小の団粒で構成された土は隙間だらけで、空気を多く含むため通気性と水はけが良く、狭い隙間には毛管現象で水が蓄えられるため、野菜の根が根腐れしない理想の土になります。

化学肥料や農薬を使うと、土中の微生物の活性は抑えられ、水と養分を蓄える力がなく酸素不足になりやすくなりますが、土の中や地上部の生物性が高まると、土の中のバランスが保たれ病気も出にくくなります。農薬で排除せず害虫も含めて訪れる虫を受け入れ、育もうとするのが有機栽培の特徴です。

多くの土壌生物にとって、化学肥料は食べ物にならず、団粒は発達しないため多様性が失われていきます。

　　　＊1：土壌生物には、ミミズやトビムシなどの大小の生き物。
　　　＊2：土壌微生物は菌類（カビ）や細菌（バクテリア）藻類など。

第2章

夏の収穫

表面のイボイボがバランスがよい物が美味しい

キュウリ

ここが栽培ポイント

● 連作を嫌うので2~3年の輪作が望ましいが、家庭菜園では豊富な堆肥と肥料で連作をすることができます。また、接ぎ木苗で連作が可能です。

● 家庭菜園では市販苗が便利です。

● 梅雨期の栽培管理が重要です。また、曲がりキュウリは元肥と水やりや敷きわらなどをして乾燥で防ぎます。

● 防虫網トンネルで害虫を防ぎます。

栽培カレンダー

| | 1月 | 2月 | 3月 | 4月 | 5月 | 6月 | 7月 | 8月 | 9月 | 10月 | 11月 | 12月 |

（温床育苗）

 ■ タネまき　■ 植えつけ　■ 収穫　……… 育苗または成育中

畑の準備

植え付け～収穫

畑の準備

植え付けから約1か月で収穫期を迎えます。肥料をたっぷり施すことでまっすぐで美味しいキュウリとなります。

① 肥料を施す

完熟堆肥を多めに施し、ボカシや888有機肥料、かきガラ石灰を一握りまいてレーキで混ぜ合わせます。

② 畝を立てる

幅60cm、深さ20cmの畝を立てます。

苗　20cm

60cm

植え付けと管理

株間45～50cm間隔で、ポットから抜いた苗を1条の植え穴に入れ、土をかぶせて軽く抑える。カボチャに接ぎ木した苗は病気に強く、実なりも良くなります。水はタップリ与えます。

① トンネルをかける

根が生きづくまでは、風やウリハムシなどの害虫から守るため防虫網トンネルをかけて保護します。

② 支柱立て・誘引

キュウリは根張りが弱いので風で茎が折れないように支柱を立て、ツルが伸びてきたら、ヒモなどをはり誘引[1]して固定します。

42　　＊1：キュウリには巻きづる（巻きひげ）があるので、支柱やヒモを張ることにより倒れないよう固定します。

❸わらを敷く

畑が乾燥すると、うどんこ病が発生しやすくなります。土壌の保温と雑草対策に効果的です。

❹整枝と追肥

根本から5〜6節の間に出て来る脇芽や雄花は、株の成長を助けるため早めに摘み取ります。また、実がなりだしたら肥料切れにならないよう追肥します。

病害虫の予防

●ウリハムシ
幼虫は土中で根を食い荒らし、成虫になると葉を食べつくします。

●うどんこ病
葉や茎、花弁にうどん粉をばらまいたような白いカビが生えます。

●ベト病
葉に不整形な四角い枯れたような紋があらわれます。ひどい場合は、葉を摘みとります。

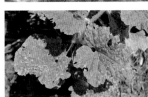

収穫

キュウリは生長が早いので、18〜20cmになれば収穫適期です。週末菜園の場合は、やや小さくても早めに収穫して株を元気にさせましょう。

❶摘心

親づるが支柱の上まで伸びたら、主枝を摘心して子づるを伸ばし追肥と水やりで、さらに収穫を楽しめます。

採りたてをもろきゅうで食べる

新鮮でイボイボが痛いキュウリを、味噌や塩を付けて丸かじりで食べます。

水と肥料を充分に与え、脇芽は全て摘みとる

トマト ミニトマト

ここが栽培ポイント

- 連作を嫌うので3~4年の輪作が望ましいが、家庭菜園では豊富な堆肥と肥料、接木苗で連作をすることができます。
- 時期になると市販の苗が出回るので購入して植えるのが簡単です。
- 主枝を摘心して成長を止め、下の実に養分を回します。
- 雨に当たると熟したトマトはひび割れるので鳥・虫害を防ぐためにも雨よけハウス栽培が理想です。

栽培カレンダー

1月	2月	3月	4月	5月	6月	7月	8月	9月	10月	11月	12月

（温床育苗）

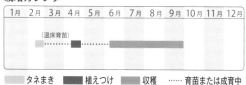

■ タネまき　■ 植えつけ　■ 収穫　…… 育苗または成育中

畑の準備

植え付け～収穫

畑の準備

植え付け予定地に完熟堆肥をたっぷり入れた後に元肥の888有機肥料、かきガラ石灰、ボカシをまき、水はけを良くするために高畝にします。

■肥料を施す

畝の予定地の中央に幅30㎝、深さ30～40㎝の溝を掘り、完熟堆肥（腐葉土や収穫後の野菜ゴミなど含む）を入れ、掘り出した土を戻し平らにします。そこに、1㎡当たり888有機肥料、ぼかし500g、かきガラ石灰を一握りまき、レーキで表土を混ぜ合わせます。

■畝を立てる

幅60㎝、高さ20㎝の畝を立て、表面をレーキで叩くようにしてならします。

根鉢が埋まる穴を掘る

60cm　豊富な堆肥　20cm　30cm　30cm

植え付け

■ポット苗を植え付ける

株間45～50㎝に植え穴をあけ、じょうろで水を与え、根鉢を崩さないよう注意して苗を寝かせて植え付けます。こうすることによって土に接した茎から根が出て養分を吸収します。花房の下本葉3枚を残して埋め込み、しっかりと土をかぶせます。、ぼかし500g、かきガラ石灰を一握りまき、レーキで表土を混ぜ合わせます。

❷トンネルをかける

苗が定着するまでは、風や害虫から守るため防虫網トンネルをかけて保護します。支柱立ての時に外します。

植え付け後の管理

株を充実させるため、脇芽はすべて取り除き、1本仕立てにします。

❶支柱を立てる

1株に1本の支柱を立てます。太さ19mm、長さ2.4mの支柱を25cmぐらい差し込みます。

❷有機マルチを敷く

枯れ草や堆肥、敷きわらを敷き、根元が乾かぬようマルチングします。

❸支柱へ誘導

茎が伸びてきたら株ごとに支柱に誘引して固定します。さらに茎が伸びたら20〜30cm間隔で支柱に固定します。ヒモで結ぶときは、一度支柱に結び8の字に交差させてから茎を結びます。

❹脇芽かき

生長すると、葉の付け根から脇芽が伸びてきます。脇芽に栄養を取られるので早めに摘み取ります。

❺追肥する

液肥や888有機肥料を一株あたり30g程度施します。

❻病気対策

露地栽培では病気がでやすくウイルス病にかかると葉が細かく縮れて成長が止まります。病気がでてしまったら株ごと抜き取り処分します。

収穫

家庭菜園では完熟して採ったほうが香りがあり、糖度も高くなります。トマトの収穫はハサミで切ってもいいのですが、離層部分（やや太く曲がっているところ）に爪をあて、折り曲げれば簡単に収穫できます。

ミニトマトにチャレンジ

ミニトマトは土壌水分と栄養バランスが合うと、収穫量が多くなります。品種もたくさん改良され、栽培方法はトマトと同じなのでチャレンジしてみましょう。

肥料不足は生育状況に影響がでるので注意します

ナス

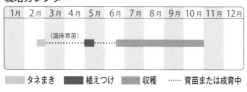

ここが栽培ポイント

- ◉連作を嫌うので3~4年の輪作が望ましいが、接ぎ木苗と豊富な堆肥と肥料で連作をすることができます。
- ◉品種にこだわる場合はタネから育苗しますが、普通は市販苗を購入します。
- ◉肥料食いなので追肥が必要です。
- ◉夏場に地温が上がり過ぎると、根を傷めるので有機マルチをします。
- ◉7月末ごろ強剪定すると、脇芽が伸びて秋ナスを収穫することができます。

栽培カレンダー

1月	2月	3月	4月	5月	6月	7月	8月	9月	10月	11月	12月

（温床育苗）

◼ タネまき ◼ 植えつけ ◼ 収穫 …… 育苗または成育中

畑の準備　　　　　植え付け~収穫

畑の準備

ナスは特に肥料を必要とします。畝を立てる予定場所に深さ40㎝ぐらいの溝を掘り、熟成した堆肥をたっぷり施し、888有機肥料、ボカシとかきガラ石灰をまいて元肥とし埋め戻します。

■畝を立てる

幅60㎝、高さ20㎝の畝を立て、水はけをよくします。表面をレーキでならします。

根鉢が埋まる穴を掘る

60cm　　豊富な堆肥

20cm
30cm
30cm

植え付け

寒さが苦手なので、晩霜の心配がなくなってからが植え付け時期です。

■ポット苗を植え付ける

株間60㎝間隔に植え穴をあけ、水をたっぷり注ぎ入れ、根鉢を崩さないように苗を植え付けます。土をかぶせたら手のひらで軽く押し固めます。

■トンネルをかける

苗が定着するまでは、風や害虫から守るため防虫網トンネルをかけて保護、支柱立ての時トンネルを外します。

植え付け後の管理

苗が生長してきたら園芸用の支柱を立て、脇芽を摘んで株の充実をはかります。

■ 支柱を立てる

1株に1本の支柱を立てます。太さ19㎜、長さ1.8ｍの支柱を25㎝ぐらい差し込みます。

■ 有機マルチを敷く

枯れ草や堆肥、敷きわらをなどを敷き、根元が乾かぬようマルチングします。

■ 支柱へ誘導

茎が伸びてきたら株ごとに支柱に誘引して固定します。さらに茎が伸びたら20〜30㎝間隔で支柱に固定します。ヒモで結ぶときは、一度支柱に結び8の字に交差させてから茎を結びます。

■ 脇芽かき

脇芽を放っておくと枝が混み合い日当たりが悪くなり果実の生育も悪くなるので3本仕立てにするもの以外をすべて摘み取ります。一番花の上下の元気のよい脇芽と主枝の3本が残ります。

主枝は伸ばす
伸ばす
一番花
伸ばす
脇芽をかく

■ 追肥を施す

肥料好きの野菜のため、液肥を数日おきに与えます。また、2週間に一度、株間にボカシや888有機肥料を一掴み施します。

雌しべの長さで生育を判断します

花の中央に突き出している雌しべの長いほうが受粉しやすく正常です。雄しべの方が長い場合や花が落ちるときは、肥料や土壌水分が不足しているシグナルなので、肥料や水をやるなどで対応します。

雌しべが長い

収穫

身を大きくしすぎないように早めに収穫すると株が長持ちし、長期間収穫できます。

更新剪定で秋ナスを収穫する

真夏になると果実が硬くなり、品質が落ちてきます。この時期に、強剪定（イラスト参照）を行い肥料を与えます。新芽が出てきて美味しい秋ナスが収穫できます。

アフリカ原産で暑さ・多湿にも強い夏向き野菜

オクラ

栽培カレンダー

1月	2月	3月	4月	5月	6月	7月	8月	9月	10月	11月	12月

■ タネまき　■ 植えつけ　■ 収穫　…… 育苗または成育中

畑の準備

植え付け～収穫

畑の準備

❶肥料を施す

栽培予定地の中央に深さ40センチほどの溝を掘り、堆肥をたっぷり入れ、1㎡当たりボカシ500g、888有機肥料、かきガラ石灰一握りまいて表土をレーキで混ぜ合わせます。

❷畝を立てる

幅60㎝、高さ10㎝の畝を立て、表面をレーキでならします。

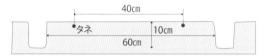

植え付け

❶ポット苗を植え付け

株間40㎝、条間40㎝の2条まきにして、1箇所に数粒の点まきにします。水をたっぷりあげます。

❷トンネルをかける

植え付けたら不織布をかけ、定着したら外します。

植付け後の管理

1 間引きをする

発芽したら元気な芽を3本にして、他はハサミなどで切り取って間引きをします。

2 追肥をする

株が成長してきたら、週1～2回液肥を施します。

3 下葉を切り落とす

風通しを良くするために、収穫した実の下の葉2枚を残して、下の葉は切り落とします。

収穫

次から次へと開花し、果実も取り遅れないよう7cmくらいから順次収穫します。

オクラの花

アブラムシが発生した場合の対処法

アブラムシが少ないときは、ガムテープなどで貼りつけて除去し、ゴミ箱に捨てましょう。

どんな料理にも合うオクラの利用法。アフリカ原産で夏には欠かせません。

- オクラを輪切りにして、おかかやキムチを加え納豆と混ぜ合わせて食べる。
- 湯通ししたオクラを酢みそやマヨネーズで食べる。
- 煮物にして食べる。
- 天ぷらにして食べる。
- そうめんの具として食べる。

十分な堆肥と有機肥料を施す、元肥が決め手です

トウモロコシ

ここが栽培ポイント

- ◉連作を嫌うので1~2年の輪作が望ましいが、家庭菜園では豊富な堆肥と肥料で連作をすることができます。
- ◉風によって授粉するので、線植えでなく面植え（2列以上）にします。授粉不良の場合は雄花の花粉を雌花に花粉をふりかけます。
- ◉3月まではマルチ栽培で、5月になれば露地栽培ができます。
- ◉穂先からでた毛が茶色に変色したら収穫の目安。試しどりをします。

栽培カレンダー

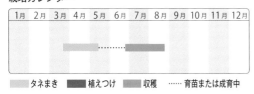

| 1月 | 2月 | 3月 | 4月 | 5月 | 6月 | 7月 | 8月 | 9月 | 10月 | 11月 | 12月 |

 タネまき　 植えつけ　収穫　……育苗または成育中

畑の準備　　　タネまき~収穫

畑の準備

1 肥料を施す

栽培予定地の中央に深さ40cmほどの溝を掘り、堆肥や有機肥料を入れ埋め戻します。1㎡当たりボカシ300g、888有機肥料、かきガラ石灰一握りをまき表土をレーキで混ぜ合わせます。

2 畝を立てる

幅60、高さ20cmの畝を立て、表面をレーキでならします。マルチする場合は黒マルチがおすすめ。

```
        40cm
   ●タネ        ●タネ
        60cm    20cm
```

タネまき

1 タネをまく

株間30cm、条間40cmの2条まきをします。1カ所3粒ずつタネをまき、1cmぐらい土の中に押し込んで、土をかけて押さえます。

2 発芽率を高めるため水をかける

タネをまいた直後に、水をたっぷりかけます。

3 ポリフィルムトンネルをかける

3月半ばはまだ寒いので、鳥よけと保温をかねて、換気型ポリフィルムのトンネルをかけます。本葉が生長してきたらすぐに取り除きます。

発芽後の管理

1 間引きをする

約1週間で芽が出ます。タネまき後25日で大きい株1本に間引きます。その後、根元から脇芽が出てきますが、生育（光合成）や倒伏防止に効果があり、実の太りがよくなるので放置します。

2 受粉（人工授粉）させる

株の頭に雄花が出てくると、その後下の穂先から雌花に髭のような毛が出てきます。風で飛んできた雄花の花粉で受粉しますが、栽培株数が少ないと受粉不良で実入りが悪くなるので、雄花を切り取って雌花の毛に花粉をふりかけます。

雄花

雌花

3 摘果する

トウモロコシにはいくつか雌花がつきますが、大きく実入りのよいものを収穫するために、上部を残して下部の小さな穂を取り除きます。取り除いた穂はヤングコーンとして料理に使えます。

収穫

品種によって異なりますが、穂先の毛が茶色に変色するのが収穫時期の目安。試しどりをして実がつまっていたら収穫します。茎を押さえ実を下に折れば簡単に採ることができます。トウモロコシは採りたてが最も美味しい。

色々な野菜と混植の相性がいい
特にレタス類がよいが、今回はチンゲンサイを条間に植えてスペースの有効利用で収穫しました。

キュウリのようだが、鮮度が命のカボチャの仲間
ズッキーニ

ここが栽培ポイント

◎家庭菜園では豊富な堆肥と肥料で連作が可能ですが、1〜2年の輪作がよい。

◎たくさん作らないならば、販売店で苗を購入して植え付ける方が簡単です。

◎株張りが大きいので、成育スペースを広めにとります。

◎乾燥には弱いので、株元には堆肥や枯れ草で有機物マルチングします。

◎未成熟果実を食べるため、とり遅れないよう小さいものでも早めに収穫します。

栽培カレンダー

| 1月 | 2月 | 3月 | 4月 | 5月 | 6月 | 7月 | 8月 | 9月 | 10月 | 11月 | 12月 |

(温床育苗)

■ タネまき　■ 植えつけ　■ 収穫　…… 育苗または成育中

畑の準備

植え付け〜収穫

畑の準備

1 肥料を施す

栽培予定地の中央に深さ40cmほどの溝を掘り、堆肥、ボカシ300g、888有機肥料、かきガラ石灰を一握りまき、埋め戻します。

2 畝を立てる

幅60cm、高さ20cmの畝を立て、表土をレーキでならします。

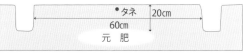

タネまき

1 タネをまく

3月中のタネまきは温床育苗が必要です。普通は4月下旬から5月下旬に露地まきします。

株間70cm位を目安にして、1カ所に2粒直まきして土をかぶせ、手で軽く押さえます。

2 発芽率を高めるため水をかける

タネをまいた直後に、水をたっぷりかけます。

3 有機マルチを施す

市販の堆肥袋でマルチした後、枯れ草や堆肥などの有機物マルチングを施します。

植え付けとその後の管理

1 植え付ける

5月上旬が植え付け適期。本葉4～5枚の苗をポットから丁寧に抜き、畝の中央に株間70cmをとり植え込みます。（購入苗を植え付けています）

2 支柱を立て固定する

株が風に振り回されて傷つきやすいので、株元に短い支柱を立て固定します。

収穫

植え付け後、約1か月で初収穫ができます。その後は次々と収穫できます。花がしぼんでから1週間、長さ18～20cm、太さ3～4cmごろが収穫適期です。すぐに大きくなるので採り遅れないようにします。

下手の部分を2cmほど残して、切り取る。

ズッキーニのベーコン炒め

ズッキーニは斜め切りにし、フライパンにオリーブオイル、ベーコン、ズッキーニを入れて炒め、塩胡椒で味付けします。

地這い栽培と支柱を立てて作るカボチャ栽培

カボチャ
ミニカボチャ

ここが栽培ポイント

- ◎連作を嫌うので1~2年の輪作が望ましいが、家庭菜園では豊富な堆肥と肥料で連作をすることができます。
- ◎多くの品種苗が市販されているので購入して植えつけます。
- ◎地這い栽培が普通ですが、ミニカボチャは支柱を利用した立体栽培ができます。
- ◎4月下旬の遅霜には弱いので、注意が必要。
- ◎収穫後4〜5日置いたほうが甘さが増し、美味しいカボチャになります。

栽培カレンダー

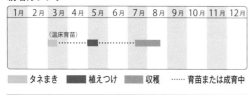

| 1月 | 2月 | 3月 | 4月 | 5月 | 6月 | 7月 | 8月 | 9月 | 10月 | 11月 | 12月 |

（温床育苗）

▬ タネまき　▬ 植えつけ　▬ 収穫　…… 育苗または成育中

畑の準備

植え付け〜収穫

元肥をたっぷり入れ、露地栽培も可能ですが、マルチングしてもよいでしょう。

①肥料を施す

栽培予定地の中央に深さ40cmほどの溝を掘り、1㎡当たり5kgの堆肥、ボカシ500g、888有機肥料、かきガラ石灰一握りをまき、埋め戻します。

②畝を立てる

幅60cm、高さ10cmの畝を立て、表面をレーキで平らにならします。マルチを施します。

根鉢が埋まる穴を掘る
10cm
60cm

①植え付ける

暖かい日を選んで植え付けると苗が元気づきます。根鉢を崩さないようにして、株間70cm、中央に1条植えにします。

②トンネルをかける

遅霜対策のためにトンネルをかけます。春は風が強いのでしっかりと固定します。

植え付け後の管理

つるが伸びトンネルに当たるようになったらトンネルを外し、支柱を立ててつるを誘引します。立てない場合は、敷きわらなどの有機物マルチングをします。

❶有機物マルチをする

保湿と雑草予防の目的で、株元から畝全体を枯れ草や敷きわらでマルチングします。

❷摘心をして 2 本仕立てにする

本葉 4 ～ 5 枚になったら親づるを摘心します。生育旺盛な子づる 2
本のみを残します。
先端のつるが 45 度
の角度で生育してい
るのが理想。下向き
の場合は肥料不足か
水不足です。

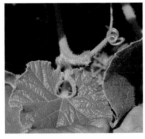

❸人工受粉させる

雄花を摘んで、雌し
べの柱頭に花粉をつ
けます。
絵の具の筆で花粉を
つけても可。

❹追肥を施す

果実の肥大期には、液肥の 100 倍液で葉の裏にもかかるように噴霧器で葉面に散布すします。

❺ウドンコ病を予防する

繁茂しすぎたツルを間引き風通しを良くします。

収穫

果皮の光沢がなくなり、ヘタの部分が亀裂してコルク化し、このコルク
線が主茎に到達したこ
ろが収穫期です。ヘタ
の部分を 2cm 残して切
り落とし収穫します。

垣根を利用して栽培する

畑を分ける垣根を支柱代わりに利用します。つるが伸びてきたら左右にに誘引すれば、地上には触れないためきれいな果実で収穫できます。

収穫後の保存

常温で風通しのよい
ところに 1 週間置く
と果肉のデンプン質
が糖に変わり、甘み
が増していっそう美
味しくなります。

基本的に子・孫づるに着果、親づるの摘心をする

ゴーヤ

ここが栽培ポイント

- 連作を嫌うので1~2年の輪作が望ましいが、家庭菜園では豊富な堆肥と肥料で連作をすることができます。
- 時期になれば販売店に数種類の苗が出回るので購入します。たくさんなるので2株もあれば十分です。
- 本葉が5〜6枚になったころ、親づるを摘心して側芽を伸ばします。
- つるを棚に誘引します。どんどん果実がなるのでとり遅れないように収穫します。

栽培カレンダー

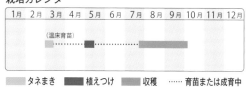

| | | | | | | | | | | | |
|1月|2月|3月|4月|5月|6月|7月|8月|9月|10月|11月|12月|

タネまき　　植えつけ　　収穫　……育苗または成育中

畑の準備　　　　　　　植え付け〜収穫

畑の準備

植え穴を掘り、ここに元肥として堆肥や生ゴミ、888有機肥料、かきガラ石灰を一握り投入して埋め戻します。

❶畝を立てる

堆肥を十分に入れて、ボカシやかきガラ石灰を加えて、幅60㎝、高さ10㎝の畝を立て、表土をレーキで混ぜ合わせ平らにします。

根鉢が埋まる穴を掘る

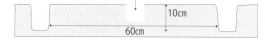
10cm
60cm

植え付け

❶植え付ける

畝の真ん中に苗を植え付ける。ポットの土が少し隠れる程度に浅植えします。

❷ネットをかける

植え付け後、霜よけを兼ねた防虫ネットで覆います。霜害で枯れてしまうことがあるので、新たな苗に植え替えます。

植え付け後の管理

■1 支柱を立てる

旺盛に伸びるつるの誘引のため、支柱を立てます。

■2 摘心して子づる・孫づるを増やす

主茎には雌花が少ないので、本葉5〜6枚になったら親づるを摘心して子づるを伸ばし、ヒモで支柱に8の字を描くように交差させて固定します。巻きひげも支柱に絡ませます。

親づるの摘心

収穫

開花後、20日前後で収穫時期になります。成長が早く、どんどん実をつけるのでとり遅れないように注意します。果実の緑が濃いうちに、柄を切って未熟果を収穫します。

採りたての生ゴーヤをスライスして塩昆布を混ぜる

新鮮なゴーヤのワタを取りスライスして、タマネギのスライスとかつお節、塩昆布を混ぜ合わせます。この上にオリーブオイルか亜麻仁オイルをかけて食べます。食が進む一品で、お酒のつまみにも最適です。

●材料
ゴーヤ1本、タマネギ1個、かつお節1パック、塩昆布適宜、オリーブオイルか亜麻仁オイル

ゴーヤジャムを作る

取り残して黄色くなったゴーヤはジャムにして、食パンに塗るかヨーグルトに載せて食べます。

●材料
①黄色のゴーヤ数個をよく洗い、ワタをとり、適当な大きさに切り分け鍋に入れます。
②①に砂糖（適宜量）、蜂蜜（適宜量）、ペクチン、レモン汁を加え、焦がさないようかき混ぜながら煮詰めます。味見して甘さの加減で砂糖を加えます。
③熱湯消毒をした瓶に入れ保存し、早めに食べる。

ビタミン豊富で生でも美味しい緑黄野菜の定番

ピーマン

ここが栄培ポイント

- ◉連作を嫌うので3~4年の輪作が望ましいが、家庭菜園では豊富な堆肥と肥料で連作をすることができます。
- ◉家庭菜園なので、数本の苗を購入したほうが便利です。
- ◉有機質を割り肥にした通気性、水はけのよい土づくりをして育成します。
- ◉脇芽を摘み取り、風通しと日当たりを確保します。
- ◉赤いピーマンは、収穫を遅らせたもの。

栽培カレンダー

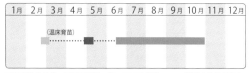

| 1月 | 2月 | 3月 | 4月 | 5月 | 6月 | 7月 | 8月 | 9月 | 10月 | 11月 | 12月 |

（温床育苗）

 タネまき　 植えつけ　 収穫　……… 育苗または成育中

| 畑の準備 | 植え付け～収穫 |

畑の準備

ピーマンの根は主根を中心に縦に広がるため、じめじめした土では酸欠を起こします。

完熟堆肥や腐葉土、雑草や生ゴミ堆肥など有機質をたっぷり入れて通気性のよい土にします。

1 肥料を施す

栽培予定地の中央に深さ40㎝の溝を掘り、1㎡当たり堆肥5kg、ボカシ300g、888有機肥料、腐葉土、生ゴミを入れ、かきガラ石灰を一握りまいて表土をレーキでならします。

2 畝を立てる

幅60㎝、高さ20㎝の畝を立て、表面をレーキでならし平らにします。

根鉢が埋まる穴を掘る
20㎝
60㎝

植え付け

1 植え付ける

畝の中央に株間45～50㎝を目安に、植え穴をあけ水をたっぷりやります。根鉢を崩さないようにして、子葉が埋まらない深さに植え、手のひらで軽く押し固めます。

植え付け後も土の中までしっかりとしみ込むよう十分に水やりします。

植え付け後の管理

植え付け後、1～2週間したら苗が倒れないように支柱を立てます。この頃になると脇芽が出てくるので、こまめに摘み取り株を大きく育てます。

1 支柱を立てる

苗が活着したら支柱を立て、株ごとに支柱に茎を固定する。また、成長具合で横に渡した支柱で固定していきます。ヒモは8の字に交差させます。

2 有機マルチをする

夏の日差しを避けて乾燥を防ぎ、土壌の保湿効果を高めるために、敷きわらか刈り取った草、腐葉土などのマルチングをします。

3 脇芽かきをする

高さ40cmくらいになると次々と花が咲き、脇芽が伸びてきます。風通しと日当たりをよくするために、3本仕立てにして他はすべて摘み取ります。

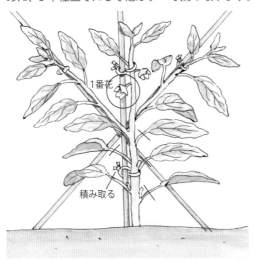

1番花のすぐ下から出る脇芽2本と主枝の3本を残し、それ以外は早めに摘み取ります。

4 追肥を施す

収穫までの生育途中には数日おきに液肥を与えます。収穫が始まったら2週間に一度、ボカシ肥料を株間に一つかみ施します。

収穫

1番果は株に負担がかからないよう、小さくても早めに収穫します。次々に開花結実するので、とり遅れがないようにします。果皮の表面の光沢が強くなったら収穫期です。

シシトウやいろんな品種を栽培する

有機肥料たっぷり入れて通気性、水はけのよい土であれば、栽培方法はすべて同じ。最近はカラフルピーマンもあります。暑さに強く、病害虫も少ないので栽培しやすい野菜です。

ピーマンの肉詰めを作る

●材料：合挽きミンチ250g、ピーマン3個、片栗粉適量、パン粉・牛乳（大さじ1）、塩コショウ少々、卵1個、酒大さじ1、ケチャップ適量。具材を詰めて焼くだけですが、とてもジューシーで美味しい。

タネまき時期と開花期の土壌水分不足に注意する

エダマメ

ここが栽培ポイント

- 連作を嫌うので1~2年の輪作をします。
- 早生種は3月中旬、晩生種は早まきすると過繁茂になり実がなりませんので、5月中旬以降にタネをまきます。
- 開花時期のカメムシなどの害虫防除が必要です。サヤがついても実がふくらまないことがあります。
- 大豆は秋に収穫しますが、収穫前の未成熟期に収穫したものがエダマメで、甘くておいしさは格別です。

栽培カレンダー

1月	2月	3月	4月	5月	6月	7月	8月	9月	10月	11月	12月
		早生種									
			晩生種								

■ タネまき　■ 植えつけ　■ 収穫　…… 育苗または成育中

畑の準備

タネまき～収穫

畑の準備

必ずしも畝立てする必要はありません。畑の縁やトウモロコシと混植栽培してもよいでしょう。

1 肥料を施す

前作にキャベツやダイコンなどを栽培した場所は、無肥料でもよいが、豆類は石灰分をほしがるので、かきガラ石灰などをまき、表土をレーキで混ぜ合わせます。マメ科の植物は、根につく根粒菌が空気中の窒素分を取り込み栄養分にします。

2 畝を立てる

幅60cm、高さ10cmの畝を立て、条間30cmの2条まき溝を切ります。

タネまき

1 タネをまく

タネは20cm間隔で、1カ所に3粒ずつタネまき、タネの2～3倍の厚さで土をかけ、足で踏んで密着させます。

2 防虫網トンネルをかける

タネや発芽直後の芽の、鳩や虫による食害を防ぐため、トンネルをかけます。

発芽後の管理

発芽は1週間から10日で胚乳が地上に出て、双葉が開き、本葉が出てきます。やがて小さな花が咲き始めたら、生育状態を見て888有機肥料を畝の肩あたりに施します。また、草取りを兼ねた中耕、土寄せをします。

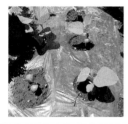 

エダマメを塩ゆでにして食べる
採りたてのエダマメはその日のうちに食べよう！ 風味、食味は一級品の味わいです。

収穫

品種にもよりますが、タネまきから80～90日で収穫適期。サヤ全体がふっくらしてきたら試し採りをします。

株ごと引き抜いて収穫します。マメを大きくして収穫すると風味が薄れ、大味になるので早めに収穫します。

葉や窒素を含んだ根粒菌の根は切り取り、畑にゴミとして埋め込みます。

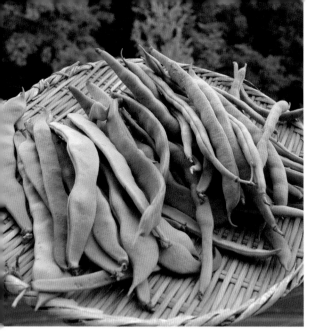

つるあり種は収穫が豊富で長期間収穫できます

インゲン

ここが栽培ポイント

◉ 連作を嫌うので2〜3年の輪作をします。

◉ 春まきは4月上旬がまき時期で夏までに収穫します。夏まきは8月中旬にまき、10月に収穫します。

◉ つるあり種は支柱が必要ですが長期間収穫できます。

◉ キュウリが終わるころに、根元にインゲンのタネをまくとそのまま支柱が使えます。

◉ 開花結実が始まったら、乾燥を防ぐため灌水と少量の肥料を施します。

栽培カレンダー

1月	2月	3月	4月	5月	6月	7月	8月	9月	10月	11月	12月
			春まき								
						夏まき					

■ タネまき ■ 植えつけ ■ 収穫 ┈┈ 育苗または成育中

畑の準備

タネまき〜収穫

畑の準備

春まきは4月上旬〜中旬がまき時期です。マルチはしなくてよいでしょう。

1 肥料を施す

前作の肥料の残効があれば無肥料でもOKですが、施肥する場合は、予定地の中央部に深さ40cmの溝を堀り、堆肥、ボカシ300g、888有機肥料、かきガラ石灰を一握りまき混ぜ合わせて埋め戻します。

2 畝を立てる

幅30cm、高さ10cmの畝を立て、表面をレーキでならし平らにします。

タネまき

1 タネをまく

タネは株間30cm間隔で、1カ所3粒の1条まきにします。足で土寄せしてそのまま踏みしめます。

タネまき後の管理

発芽後つるが伸び始めるので支柱を立てつるを絡ませます。支柱の先端部が交差する合掌式で支柱を立てます。長く収穫するためにゴミ汁液肥を与えます。

■支柱を立てる

合掌式で支柱を立てるかキュウリなどの支柱を利用してつるを絡ませます。

■追肥を施す

インゲンはある程度生育すると、次々と開花結実するので養分が不足します。刈り取った草や有機植物の堆肥などを与え、通気性のよい土のにするためにゴミ液肥や水を注ぎます。

収穫

開花後2カ月ごろに収穫が始まります。次々と大きくなりますので、採り遅れないよう早めに収穫します。

丸サヤ　　　　　　　平サヤ

平サヤのビックリジャンボ

インゲンは柔らかくて何にでも利用できます。

インゲンは煮物、お浸し、汁の具材、ゴマ和え、五目寿司、ほか何にでも利用できます。
特に天ぷらは最高の一品ともいえます。

体を温める。根茎に独特の風味を持った香辛野菜

ショウガ

ここが栽培ポイント

- ●連作を嫌うので4〜5年の輪作が望ましいですが、ジャガイモとは相性が悪いので後作は避けます。
- ●乾燥には弱いので有機マルチや水やりが必要です。強い光線を嫌うので、サトイモやトウモロコシの陰などに植え付けます。
- ●温度が低いと芽が出ないので、4月中旬以降に植え付けます。
- ●夏に葉ショウガを、葉が枯れたら根ショウガを収穫します。

栽培カレンダー

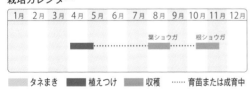

畑の準備

植え付け〜収穫

畑の準備

高温乾燥はショウガの大敵なので、サトイモやトウモロコシの陰になるような場所を選びます。

1 肥料を施す

植え付け予定地に深さ30cmの溝を掘り、牛糞などの堆肥1㎡ 5kg、ボカシ300g、888有機肥料、かきガラ石灰などを混ぜ合わせ、埋め戻します。

2 畝を立てる

幅60cm、高さ10cmの畝を立て、表土をレーキでならし平らにします。

植え付け

晩霜の心配がなくなる4月末に植え付けます。タネショウガは購入して、3芽以上つけて切り分け（50g程度の大きさ）ます。

1 植え付ける

株間30cm、条間45cmで芽を上にして深さ5cm位に植え付け、手のひらで軽く押さえます。植え付け後はジョウロで水を十分与えます。

植え付け後の管理

発芽後は旺盛に繁ってくるので、乾いたら十分に水やりします。

■1 発芽・追肥する

植え付け後1カ月すると芽が出そうので、土が乾いていたら水やゴミ液肥を与えます。

■2 水やりとマルチをかける

夏場の日照りや乾燥が続く場合（葉が巻いてくるので、水不足の目安になる）は、たっぷりの水と乾燥防止のため有機物でマルチングします。

収穫

8月に株元が赤くなってきたら、葉ショウガの収穫時期。スコップを畝と平行に入れ、株ごと持ち上げるようにして彫り上げる。葉が枯れるころになってきたら根ショウガを収穫します。

収穫直後の新ショウガは味噌を付けて食べても良いですが、漬物も絶品です。親ショウガはすりおろしたり、煮物に利用できます。

ショウガの酢漬けを作る

①

●材料:ショウガ、酢、塩、砂糖　量に関してはクックパッドなどを参考にしてください。
●作り方
①ショウガを1mm弱の薄切りにする。②お湯でショウガを湯切りし塩を振り冷やします。③酢と砂糖を混ぜ合わせた中に②を入れてかき混ぜます。
④一晩おいて熱湯消毒した瓶に詰めます。⑤味が馴染めばおいしい酢漬けとなります。
塩漬けは酢と砂糖抜きで作ります。

甘楽で人気の香り高く柔らかなゴボウを栽培する

ゴボウ

ここが栽培ポイント

◉連作を嫌うので4〜5年は同じ所に栽培しない。

◉天地返しをして根が土中深く伸びるようにします。深さ50cm以上深耕して、有機質を入れます。

◉発芽後は間引いて、雑草をとるぐらいで特に管理は必要なしです。たまにゴミ汁液肥を施します。

◉春まきと秋まきができます。春まきでは夏中旬ごろから収穫できます。

栽培カレンダー

1月	2月	3月	4月	5月	6月	7月	8月	9月	10月	11月	12月

■ タネまき　■ 植えつけ　■ 収穫　…… 育苗または成育中

畑の準備　　　　　　タネまき〜収穫

畑の準備

直根がまっすぐ長く伸びるためには、土中深くまで酸素があることが必要なため、事前に天地返しで畑を深く耕し、完熟の有機質を施し深層土と表土を入れ替えることが大切です。

1 天地返しをする

栽培予定地を50〜80cmの深さまで掘ります。表土と深層土を左右に分けて掘り出します。枯れ葉堆肥や牛糞、888有機肥料、かきガラ石灰などを入れ、排水性や通気性を改善します。

その上に、表土を先に投入し深層土を埋め戻して、上下の土を入れ替えます。

2 畝を立てる

幅60cm、高さ20cmの畝を立て、表土をレーキでならし平らにします。

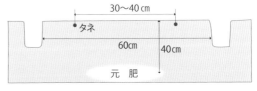

タネ　30〜40cm　60cm　40cm　元　肥

タネまき

■タネをまく（短根太ゴボウ）

最終株間10～15cmを目安にして条間30～40cmの2条のすじまきに。1～2cm間隔で1粒ずつ丁寧にタネをまきます。ゴボウのタネは深く埋めると発芽しにくいので浅めに巻いて薄めに土をかけます。タネが流出しないように注意してたっぷり水を与えます。

発芽後の管理

■間引きする

タネまき後約2週間で発芽しますが、芽が出そろったら株間10～15cmにして1本に間引きます。ハサミで切り取れば根を傷めません。

■除草・中耕・追肥する

除草をかねて表層を軽く中耕します。たまにゴミ汁液肥を水やり代わりに施す程度で特に管理は必要ありません。

収穫と保存

■収穫する

春まきは夏から秋にかけて収穫できます。強引に引っ張ると根が折れてしまうので、根の横を掘って収穫します。

■保存する

一度に収穫した場合には土中に寝かせ、30cmほど土を被せておきます。また、新聞紙などに包み発泡スチロール箱に保存します。

柔らかなゴボウが食べたい

農園がある甘楽はゴボウの特産地でもあり、柔らかくて美味いと特に人気があります。収穫したてのゴボウは肌が明るい褐色で、そのまま料理します。

- ●ゴボウきんぴら
- ●ゴボウ天ぷら
- ●鳥肉とゴボウの混ぜご飯
- ●豚肉のゴボウ巻き
- ●ゴボウのマヨネーズ和えサラダ

あなたのお気に入りのゴボウ料理はどんなものですか。

ゴボウのアク抜き

深耕し有機物を多く施して栽培します

セロリ

ここが栽培ポイント

- ●連作を嫌うので2〜3年の輪作が望ましいが、家庭菜園では豊富な堆肥と肥料で連作をすることができます。
- ●初期の生育はきわめてゆっくりですので、市販の苗を購入したほうが便利です。
- ●肥料をを必要とする作物なのでたっぷりと堆肥を与え、ボカシも多めに施します。
- ●強い日差しや乾燥には弱いので遮光をしたり、水やり代わりにゴミ汁液肥を数回施します。

栽培カレンダー

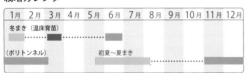

	1月	2月	3月	4月	5月	6月	7月	8月	9月	10月	11月	12月
冬まき（温床育苗）												
（ポリトンネル）				初夏〜夏まき								

タネまき　　植えつけ　　収穫　　……育苗または成育中

畑の準備

植え付け〜収穫

畑の準備

旺盛に生育させるために、広めの畝にゆったりと植えます。肥料はたっぷり施します。

1 肥料を施す

深さ40cmの植え穴を掘り、堆肥1kg、ボカシ300g、888有機肥料、かきガラ石灰を一握りまいて、レーキで混ぜ合わせます。

2 畝を立てる

幅90cm、高さ10cmの畝を立て、レーキでならし平らにした後、マルチを張ります。条間45cm、株間30cmの植え穴を空けておきます。

植え付けと管理

株間 30cmほど空け、根鉢の上が見える程度に浅めに植え付けます。

■1 植え付ける

マルチ穴に浅めに植え付け、軽く手のひらで押さえます。

■2 植え付け後、防虫網トンネルを張る

収穫

株が大きく張ったところで根元を切って収穫します。外葉から1本ずつ切り取ることもできます。

白い茎のセロリは遮光してつくります
収穫の数週間前から株の周囲を新聞紙で覆い、ヒモかガムテープで縛って遮光します。

セロリスティックでシャキシャキ感を楽しむ

いろんな食べ方ができますが、独特な風味とシャキシャキ感を楽しむために、今回は、マヨネーズでいただきます。また、サラダやカレーもおすすめです。

砂地や畑の境目などで1列に植え付ける

ラッキョウ

ここが栽培ポイント

- ◉連作による害はありません。
- ◉前作の肥料の残効があれば肥料なしでも栽培できます。
- ◉販売店で球根を購入し夏の終わりから9月にかけて植え付けます。
- ◉乾燥した痩せ地でもよくできますが、湿害には弱く、水はけのよい場所で栽培します。
- ◉6月頃になると、葉が枯れ始めてくるので収穫します。
- ◉大球は味が劣るので、小球を収穫します。

栽培カレンダー

1月	2月	3月	4月	5月	6月	7月	8月	9月	10月	11月	12月
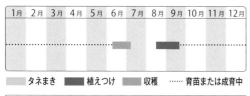

■ タネまき　■ 植えつけ　■ 収穫　……育苗または成育中

畑の準備

植え付け～収穫

畑の準備

水はけのよい砂地が適しています。特に畝はつくらず、畑の隅などに一列に植え付けます。

植え付け

芽の出るほうを上にして球を5cmほど押し込むように植え付け、軽く土を被せて少し押さえます。

収穫

6月頃になると、葉が枯れてくるので収穫します。スコップを少し入れて株元を持って引き抜きます。

70

一度植えれば3〜5年は収穫できる香辛野菜

ミョウガ

ここが栽培ポイント

- ◉一度植えれば3〜5年は収穫できます。
- ◉直射日光が当たらない日陰〜半日陰の場所が栽培適地です。
- ◉タネは販売していませんので、株を掘り起こし根茎を15cm位に切り分けてを植え付けて栽培します。
- ◉ミョウガは湿度の高い環境を好み、乾燥すると枯れてしまいます。株元をワラや腐葉土で覆い、水やりをかねてゴミ液肥を施します。

栽培カレンダー

1月	2月	3月	4月	5月	6月	7月	8月	9月	10月	11月	12月

球根（地下茎）

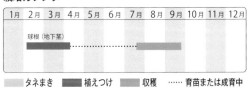

■ タネまき ■ 植えつけ ■ 収穫 ……育苗または成育中

畑の準備

植え付け〜収穫

畑の準備

直射日光が当たらない日陰〜半日陰の場所を選びます。堆肥やボカシ、888有機肥料、かきガラ石灰を一握りまき土を耕しておきます。

１畝を立てる

水はけが悪いときは10〜20cmの畝を立て、レーキでならし平らにします。

わらか腐葉土を置き乾燥させない

堆肥
球根（地下茎）　5cm

植え付け

知人の栽培しているミョウガの地下茎をいただくか、販売店にあれば購入して植え付けます。乾燥には弱いので堆肥や腐葉土で覆い、水やりは欠かせません。

収穫

夏は7〜8月、秋は9〜10月が収穫の適期です。

薬味や天ぷらなどいろんな料理に利用できる
栄養素が豊富で美肌効果や解毒効果もある人気の香辛野菜です。

水はけと日当たりのよい場所で、露地栽培する

スイカ

ここが栽培ポイント

- ◉連作を嫌うので2〜3年の輪作が望ましいですが、家庭菜園では豊富な堆肥と肥料で連作をすることができます。
- ◉直売所で元気のよい苗を選び、購入して植え付けます。
- ◉水はけ・日当たりのよい場所を選ぶことが大切です。
- ◉晴れた日の朝8時までに人工授粉させ、交配日の記録を付けておくと、収穫時期の目安になります。

栽培カレンダー

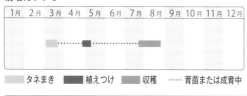

| 1月 | 2月 | 3月 | 4月 | 5月 | 6月 | 7月 | 8月 | 9月 | 10月 | 11月 | 12月 |

■ タネまき ■ 植えつけ ■ 収穫 …… 育苗または成育中

畑の準備

植え付け〜収穫

畑の準備

水はけと日当たりのよい、栽培に適した場所を選ぶことが大切です。

❶肥料を施す

1㎡当たり5kgの堆肥を入れ、1㎡当たりボカシ500g、かきガラ石灰一握りを全面にまいて、レーキで表土と混ぜ合わせます。

❷畝を立てる

幅60cm、高さ20cmの畝を立て1条植えにします。

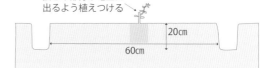

接ぎ木部分が地上に出るよう植えつける
20cm
60cm

植え付けと管理

❶植え付ける

株間90cm間隔に穴を掘り、ポットから抜いた苗を植え付けます。

❷畝全体に有機マルチを敷く

敷きわらなどの有機マルチで、保湿の確保と雨でつるの傷付きを防ぎます。

❸受粉・摘心をする

晴れた日の朝8時前に、雄花を摘み雌しべに受粉させます。親づると子づる2〜3本を残し、後は摘心します。1株に4個の実を目安にします。

収穫

受粉後40〜50日には収穫できます。交配日を記録して確認をするようにしましょう。

節間が詰まり花芽がついている苗を選びます

ミニトマト

ここが栽培ポイント

- 雨や多湿を嫌うので、雨が直接当たらない、日当たりのよい場所で育てます。
- 第1花房から下の脇芽は摘み取り、上は摘まずに放任します。
- 房状に実をつけますが、完熟したものから順次収穫します。
- 市販の苗を購入して植え付けます。節間が詰まり花芽がついている苗を選んで、定植します。
- 深植えを避けて、根元を軽く押さえます。

栽培カレンダー

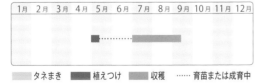

■ タネまき　■ 植えつけ　■ 収穫　…… 育苗または成育中

栽培用土の準備

植え付け〜収穫

苗の植え付け

市販の苗を購入。節間が詰まった苗を選び、1番花が咲き始めるころに定植します。底の深い大型のプランター8〜10号に植え付けます。

大型プランター　　大型深型

１ 肥料を施す

プランターの底に赤玉土を敷き、堆肥、バーミキュライト、888有機肥料、かきガラ石灰などを混ぜ合わせ、市販の培養土を入れます。弱酸性の土壌にして水はけを良くします。

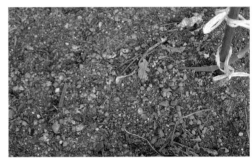

２ 支柱立て・脇芽摘み

第1花房から下の脇芽は摘みますが、基本的には放任栽培します。

３ 人工授粉する

虫の飛来が少ない高いベランダでは、支柱を揺らし花粉を飛散させて受粉します。

４ 追肥する

1段目の実が大きくなり始めたら、888有機肥料一握りをコンテナの縁に沿って施し、土と軽く混ぜます。液肥は週1回の割合で施します。

５ 収穫する

開花後40〜45日で収穫、房状に実はつきますが赤く熟したものから、へたの上をハサミで切って収穫します。

ミニトマトには多くの品種があります。風味も様々で、毎年違う品種を楽しむのもいいでしょう。

73

直まきもできるが、市販の苗を購入して栽培する

オクラ

ここが栽培ポイント

- ◉高温を好みます。ポットにタネをまき、育苗して温度が上がったら定植しますが、直まきでもできます。
- ◉背丈が高くなる野菜なので、コンテナでは根がしっかり張れないために支柱を立て、茎を支柱に結びつけて風対策にも対応します。
- ◉多湿を嫌うので、水はけをよくします。
- ◉成長が早く、次々とサヤが大きくなりますので、実が柔らかいうちに収穫します。

栽培カレンダー

1月	2月	3月	4月	5月	6月	7月	8月	9月	10月	11月	12月

■ タネまき　■ 植えつけ　■ 収穫　……育苗または成育中

栽培用土の準備

植え付け～収穫

苗の植え付け

販売店で元気な苗を購入、温度の上がる5～6月に植え付けます。根が植え傷みするため根鉢を崩さないよう植えます。多湿を嫌うので水はけをよくします。

大型プランター

1 肥料を施す

プランターの底に赤玉土を敷き、堆肥、バーミュキライト、888有機肥料、かきガラ石灰などを混ぜ合わせ、市販の培養土を入れる。弱酸性の土壌にして栽培します。

2 追肥する

気温が上がり本葉5～6枚になると急に成長するので、888有機肥料や液肥を施します。

3 支柱を立てる

草丈が30cmほどになったら風邪で倒れないよう支柱を立て、茎を傷めないよう8の字結びで固定します。

4 収穫する

開花後、1週間で収穫できるようになります。7cmほどを目安で柔らかなうちに収穫します。収穫した果実の下の葉2枚を残して、それ以下の葉を切り取ります。

夏のベランダで作る

早生種と中生種を同時にまけば、長い間収穫する

エダマメ

ここが栽培ポイント

- ◉夏の高温気は花つきが悪くなるので、早生種がおすすめです。
- ◉マメ科なので窒素肥料は少し与え、日当たりのよい場所でそだてます。
- ◉実を食べるのでリン酸を多く含む鶏ふんを肥料として施します。
- ◉開花期に土が乾燥すると花落ちの原因になり、実入りも極端に悪くなるのでこまめに水やりをします。
- ◉ハサミか鎌で根元を切って収穫します。

栽培カレンダー

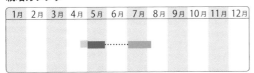

| 1月 | 2月 | 3月 | 4月 | 5月 | 6月 | 7月 | 8月 | 9月 | 10月 | 11月 | 12月 |

■ タネまき　■ 植えつけ　■ 収穫　…… 育苗または成育中

栽培用土の準備

タネまき〜収穫

タネまき・苗の植え付け

早生種と中生種の同時まきがおすすめです。3号ポットに2センチの穴を3つあけ、タネを一粒ずつ入れ、土をかけ手で軽く押さえます。

1 苗を植え付ける

初本葉が開いたら2本に間引きし、本葉が2枚出たら、根鉢を崩さないで10〜15cm間隔でプランターに植え付けます。この時仮支柱を立てます。

大型プランター　　　標準プランター

2 肥料を施す

プランターの底に赤玉土を敷き、堆肥、バーミキュライト、888有機肥料、かきガラ石灰などを混ぜ合わせ、鶏ふんを入れる。弱酸性の土壌にして栽培します。

3 追肥をする

つぼみがつき始めたら追肥を施します。肥料が多いと葉が繁りすぎ実つきが悪くなります。水をたっぷりやり乾燥しないようにします。また、水やりで減った分の土を足します。

4 収穫する

タネまき後、60〜70日で収穫します。枝豆の文字のごとく枝ごと収穫するのが一般的です。ハサミか鎌で根元を切って収穫します。

夏のベランダで作る

腐葉土や生ゴミ堆肥など有機質堆肥を施します

トウガラシ

ここが栽培ポイント

- ●熱帯原産で高温を好むので、暖かくなってから市販の苗を植え付けます。
- ●夏に旺盛に育ちます。込み入った枝葉を適宜切り取り、風通しよく育てます。
- ●1番花が咲き脇芽が伸び出したころ、風などで枝が折れないように支柱を立て、茎を傷つけないようヒモで8の字に結びます。
- ●生育期間が長く乾燥に弱いので、肥料切れと水切れに注意して有機肥料で通気性のある土づくりをして育てます。

栽培カレンダー

1月	2月	3月	4月	5月	6月	7月	8月	9月	10月	11月	12月

■ タネまき　■ 植えつけ　■ 収穫　…… 育苗または成育中

栽培用土の準備　　　　植え付け〜収穫

苗の植え付け

販売店で元気な苗を購入、温度の上がる5月に植え付けます。根が植え傷みするため根鉢を崩さないよう植えます。

標準プランター　　　　標準鉢

1 肥料を施す

プランターの底に赤玉土を敷き、堆肥、バーミキュライト、888有機肥料、かきガラ石灰などを混ぜ合わせ、市販の培養土を入れます。弱酸性の土壌にして栽培します。

2 追肥する

生育期間が長いので、肥料切れにならないよう定期的に888有機肥料や液肥を施します。

3 脇芽かきと支柱を立てる

1番花が咲き脇芽が伸び出すころになったら風で倒れないよう支柱を立て、茎を傷めないよう8の字結びで固定します。

また、1番花の下の芽はかき取ります。

4 収穫する

果実が大きくなり、膨らんできたら収穫できます。未熟果の青トウガラシや赤く完熟した赤トウガラシを収穫します。

5 保存する

風通しのよいところで乾燥させてから保存します。

日本のハーブの代名詞、赤しそは梅干し漬けに！

アオジソ

ここが栽培ポイント

◉市販の苗を購入して栽培します。

◉葉を収穫するときは、本葉が 10 枚以上に
なってから、柔らかなものを摘み取ります。
固いものは味が悪くなります。

◉収穫期に肥料が切れると、葉が小さくなり
品質も悪くなるのでこまめに追肥を施しま
す。

◉日当たりのよいところで育てます。

◉穂ジソは穂が開花したころのもの。実ジソ
は未熟果を採ったもの。

栽培カレンダー

1月	2月	3月	4月	5月	6月	7月	8月	9月	10月	11月	12月

□ タネまき　■ 植えつけ　■ 収穫　…… 育苗または成育中

栽培用土の準備

植え付け〜収穫

苗の植え付け

4 月中旬にタネからまいてもよいが、数株あれば
旺盛に育つので苗を購入し
プランターに植え付けます。

標準プランター

１肥料を施す

プランターの底に赤玉土を敷き、堆肥、バーミキュ
ライト、888 有機肥料、かきガラ石灰などを混ぜ
合わせ、市販の培養土を入れます。弱酸性の土壌
にして栽培します。

２追肥する

真夏になると旺盛に脇芽も伸ばすので、肥料切れ
にならないよう定期的に888 有機肥料や液肥を施
します。

３収穫する

オオバ（葉ジソ）は、本葉が 10 枚になるまでは
収穫せず、それ以降の柔らかい葉を摘み取ります。

穂ジソ

実ジソ

赤ジソは梅干
し漬け、シソ巻
き、シソジュー
ス、柴漬け。塩
漬け、ふりかけ
などに利用さ
れています。

77

達人・新井俊春が教える
有機栽培で、うまく行くコツ!!

左：新井俊春講師と
右の資料

1 化成肥料使用栽培と、有機栽培とは何が違う!

　畑の土は、植物の葉、茎、根などの有機物は微生物によって分解されて、腐葉土になり「腐植」という安定した化合物になり、風化した土と腐植が混ざり合って柔らかい「土壌」が形成されます。

　化成肥料には、植物が生育する上で必要な窒素、リン酸、カリウムなどの肥料要素は含まれていますが、「腐植」ができる成分は含まれていません。農園の畑を歩いてみると実感できますが、化成肥料を続けた畑は土が硬く、有機肥料を使っている畑は土が柔らかいんです。実際に作物を栽培してみると、根の伸び方に違いが出ます。有料堆肥や有機肥料を効率よく使用した土は粘土粒子と微生物の働きにより、空気が入り、水はけが良い団粒構造になり、肥料を団粒内に取り込み、降雨の際などにも肥料が流れ出しにくくなります（P124参照）

2 堆肥や有機肥料の役割と有効利用
①堆肥や有機肥料についての考え方

　堆肥は栽培している作物によって使い分けます。牛糞堆肥は効き始めは遅く、長く持続します。一方、鶏糞は肥料成分が強く即効性はありますが、いわゆる肥料焼けを起こして作物が枯れてしまうこともあります。また、アルカリ性が強いために酸性土を好む作物には不向きだったりするため、使い方に注意が必要です。

　栽培作物の生育に必要な肥料成分は窒素です。

化成肥料の窒素成分はアンモニア態窒素や硝酸態窒素で、水に溶けやすく比較的早くに吸収されますが、有機栽培で使用される窒素成分は有機体窒素といって、タンパク質やアミノ酸に含まれる窒素です。地中の微生物によって分解されて作物に吸収されます。

有機肥料でも過多の場合は、慣行栽培（農薬や化学肥料を用いる栽培方法）と同じの窒素過多のアンモニア態、硝酸態になってしまいます。

●堆肥の中にある白い粉（カビのような物）は何なのか?

堆肥は家畜糞尿やワラ、モミガラ、木製オガクズ、米ぬかなどを配合しています。適度の温度や水分、空気補給があると発酵します。その後、小麦粉をまぶしたような白いカビ（糸状菌）が発生し放線菌となります。発酵に有用な糸状菌や、ストレプトマイシンなどの抗生物質の元となった放線菌が豊富に含まれる堆肥となります。この「放線菌」は土壌病害の元になるフザリウムやセンチュウの抑制効果があり、良い堆肥の目安となります。

②有機肥料の役割と有効利用

・窒素は葉や茎を生長させ、葉緑素の元になるため不足すると葉の緑色が薄くなり、全体的に固くなります。

・リン酸は開花や結実を促し、実肥（みごえ）とも言われます。

・カリウムはタンパク質や炭水化物の合成を促進す

る成分で、根を丈夫にし、病害虫や寒さに対する抵抗力を付けます。
・天然石灰（かきガラ粉末）は植物の細胞を強くしたり酸性土壌のphを上昇（アルカリ化）させます。
・苦土（マグネシウム）は葉緑素の核となる成分。糖度に影響します。

3　施肥量、特に窒素施用量を考えてみる

①窒素量と雨量（灌水量）
人間で言う「タンパク質」に当たるのが窒素となります。窒素は水に溶けやすく、作物の観察で量の判断をします。

②窒素量と作物の生長
量が多いと地上部の葉茎は伸び、根の伸びは少なくなります。逆に少ないと葉茎は小さく、根の伸びは旺盛になります。

③窒素の効かせどころを考えてみる
・最初から窒素を効かせて、収穫間際まで効き過ぎないようにしたい作物　ジャガイモ、キャベツ、レタス、ホウレンソウ
窒素が遅くまで効きすぎると、収穫間際に病害が出やすくなります。土壌phが高いとジャガイモでは「ソウカ病」が出やすくなります。

・最初は窒素を押さえて、後半に効くようにしたい作物　カボチャ、ダイコン、ニンジン
カボチャは最初から窒素が効きすぎると、葉が大きくなりすぎて日陰になり、雌花が腐りやすくなります。

・作物の生育を観察し、追肥で生育維持したい作物　長ネギ・下仁田ネギ、トマト類、ナス
生育期間が長い作物は、葉の色や大きさ、茎の太さを見ながら追肥します。苦土が欠乏するとナスはツヤ不足になります。

4　蒔いたタネの発芽を、100%揃えるコツ

●畑への直接播種で、発芽を100%揃えるコツ
土を耕した直後は、生物相が攪乱状態になっており元肥などもタネまき前の3～4週間前までに施しておきます。肥料施肥後すぐにまくとカビが移り病気が出る可能性があります。
発芽しやすい環境は、雨が降った後や土壌に適度の灌水とタネまき前に畑の土をある程度固め、乾

甘楽ふるさと農園クラブハウス内風景

79

燥を防ぐ必要があります。

●育苗箱やトレイなどで、発芽を100%揃えるコツ
かぶせる土の厚さは、作物の種類によって変えられるように手作りした「土かけ道具」を使用し、同じ量の土の厚さにします。それによって、発芽の時期が一定します。硬いタネを蒔く場合、芽が出るところをカットすると早めに出ます。

○タネまき覆土後の管理
発芽には適した温度（地温28〜30℃）が必要ですが、作物の種類により発芽の日数は変わります。硬い種をまく場合、芽が出るところをカットすると早めに発芽します。発芽がすべて済むまでは、新聞紙（不織布）で覆い、ジョウロ灌水して土の乾燥を防ぎます。

5　栽培作物に影響を与える、雑草を押さえるコツ

栽培している作物の株間や畝間が密生すると、カビ（糸状菌）や細菌（バクテリア）などの病害が発生しやすくなります。タネまきや定植する際には、雑草がない状態が望ましいことになります。。

●新井講師の雑草防止対策
栽培作物に適した堆肥や有機肥料の施肥後、耕起して数日放置します。タネまき直前にもう一度耕起し平らに整地か畝づくりをします。
土が乾いている場合は、灌水してローラーで土を固めてからタネまきをします。その後に、防草シートやポリマルチで雑草を抑えます。マルチを取り除いた後には、再度耕起せずに、そのままタネまきした方が雑草は生えません。雑草は小さいうちに取り除きます。
また、雑草は太陽熱消毒することで押さえることもできます。

6　栽培作物に病気を発生させないコツ

●野菜に発生する病原体の分類
・地上部には、カビ（糸状菌）、細菌（バクテリア）、ウイルスがあります。
・土壌内には、カビ（糸状菌）、細菌（バクテリア）、ウイルス、一部放線菌、センチュウがあります。
●地上部に発生する病原体を繁殖させないコツ
・カビ（糸状菌）がもとになる病気には、ベト病、

菌核病、黒斑病、疫病、白さび病、葉カビ病、灰色カビ病、ウドンコ病があります。
・細菌（バクテリア）がもとになる病気と影響には、高温多湿条件の時は、畝の高さを考え、ポリマルチを使用の場合は低いかまぼこ型にします。
細菌は傷口から侵入しますので植物に傷を付けない様に心がけます。窒素肥料過多に注意します。
・ウイルスがもとになる病気
野菜のウイルス病は、害虫によって移りますので、防虫対策を徹底します。主な病気には、モザイクウイルス病、黄化えそ病、黄化葉巻病があります。
・ウイルス病を媒介する害虫を付着させないコツ
施肥量過多（特に窒素）＋乾燥は、害虫がつきやすくなるので。徹底した防虫ネットの使用や有色粘着板の有効利用を行います。

●土壌内に発生する病原体を繁殖させないコツ
○主な土壌病原体の違いによる症状
根にコブができる根コブ病菌は、水分が多く水はけが悪い場所で発生しやすく、病原菌は10年近く生存します。連作を避け、アルカリ土壌にして、畝を高くして防御します。
青枯れ病には、接木苗やコンパニオンプランツ（共栄作物）を一緒に植えることで病気を抑える効果があります。
センチュウの根腐れは、土壌消毒や太陽熱でセンチュウ菌を死滅させる方法がありますが、根絶することは難しく一時的です。コンパニオンプランツとしてフレンチマリーゴールドが有効で、花が咲き終わったら細かく刻み、土に混ぜ緑肥にします。
その他に、リゾクトニア菌による茎が腐敗して立枯れるなどがあります。

○さらに注意したい「有機栽培現場」での傾向
ジャガイモの「ソウカ病」の発生が全国的に発生しています。細菌の一種で放線菌（ストレプトマイセス・スキャビーズ）が原因で、アルカリ土壌で繁殖が確認されています。対策としては、有機物肥料を入れずに元肥なしで育てます。

○土壌障害を発生させないための工夫
同じ科目の作物の連作を避け、水はけを考えて畝づくりをします。株元に太陽が当たるように密植過ぎないようにして、目的に合ったマルチを施すなどの工夫が必要です。

第3章

秋 の 収 穫

生物、煮物、漬け物となんでも旨くて誰でも作る

ダイコン

ここが栽培ポイント

- ◉連作を嫌うので1〜2年の輪作が望ましいが、家庭菜園では豊富な堆肥と肥料で連作をすることができます。
- ◉農園では地元の土地にあったタネを販売しています。防虫トンネルが必要です。
- ◉土には異物を取り除き、しっかりと耕します。
- ◉秋まきは9月上旬以降にまきます。早まきはウイルス病や虫害、ス入りなどの被害をこうむることがあります。

栽培カレンダー

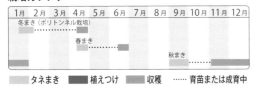

	1月	2月	3月	4月	5月	6月	7月	8月	9月	10月	11月	12月
冬まき（ポリトンネル栽培）												
春まき												
秋まき												

　タネまき　■植えつけ　収穫　……育苗または成育中

畑の準備

タネまき〜収穫

畑の準備

基本的には秋まきがメインになります。一般的な青首ダイコンは地上部に根を張り出すので、水はけの悪い土地以外は高畝にする必要はありません。石などの異物がある場合はふた根の原因になるので取り除いてください。

１肥料を施す

栽培予定地の中央に深さ40cmほどの溝を掘り、1㎡当たり肥料5kg、ボカシ300g（面積に合わせて割り出す）や888有機肥料、かきガラ石灰を一握りまいて表土をレーキで混ぜ合わせます。

２畝を立てる

幅60cm、高さ10cmの畝を立て、表面をレーキでならします。石などの異物は取り除き、土を柔らかくしておきます。

●水はけの良い土地の場合の畝立て

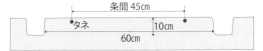

３マルチを張る場合

マルチがはがれないように、周囲を土寄せして固定する。畑の準備QRコード参照。

タネまき

１タネをまく

畝に植え溝を付けた後、株間30cmを目安にタネをまきます。ダイコンの発芽率は良いので1穴に2〜3粒まきます。左手に種を持ち右手でつまんで中指で深さ1cmの穴をあけ種を落とします。覆土して、手のひらで押さえます。

２発芽率を高めるため水をかける

タネをまいた直後に、水をたっぷりかけます。

３不織布防虫網トンネルをかける

タネをまいた直後に、防虫網トンネルをかけて害虫を防除します。

間引き	収穫

❶間引きを2回する

1回目、種まきから10日ぐらいたって本葉が2枚になったころまでに2~3本を残して間引きます。2回目、本葉が5~6枚になったころ1本にします。残す苗の根を傷めないように、間引く苗を株元からハサミで切ります。

❸トンネルを外す

間引き後は、急速に葉が伸びてトンネルにぶつかるようになるので、防虫網トンネルを外します。

❹防虫対策

葉を注意して見ると、葉を食べた跡や糞を発見するので、捕まえて潰すかペットボトルに入れて捕獲します。

❶収穫する

品種にもよりますが、タネまき後約2カ月で収穫期を迎えます。ダイコンの首元の直径が7cm前後になるのが収穫の目安になります。

❷引き抜くときのポイント

葉を束ねて首元をしっかり握り、まっすぐに引き抜いて収穫します。

葉を折って見分けるダイコンの収穫期

ダイコンは長期間畑に植えたままにすると、熟期が進んでスが入ります。葉茎の中心部にも症状として表れます。下葉の茎を折り、その中心部にス入り症状が見られるようなら、熟期が過ぎている証拠ですので早めに収穫しましょう。

タクアンを漬けよう!

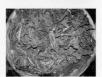

農園でみの早生ダイコンをまき、タクアンを漬けます。畑でダイコンを収穫し洗い、自宅のベランダで約1週間しなるまで干し上げます。

●材料

干しダイコン34本（13kg）・塩6%（780g）・米ぬか1.5kg・トウガラシ10本・コンブ40cm（3本）・干した柿、リンゴの皮、鰹節、干しエビ、干しシイタケほか適宜

これらを漬け込み、約1か月でひと味もふた味も違う、保存料や発色剤など不使用のタクアンが完成します。

夏を除けば1年中栽培できる初心者向き野菜です

カブ

ここが栽培ポイント

- ◉連作の害は少ないが1〜2年の輪作します。
- ◉夏を除けば1年中収穫できますが、すぐに虫に食害されるので防虫網トンネルか不織布被覆をします。
- ◉タネまき後、3〜4日で発芽しますので雑草取りをかねて間引きします。
- ◉根部が地中に入ることがないので、土中に異物があっても問題はありません。
- ◉冬は換気型のポリフィルムで、トンネル被覆します。

栽培カレンダー

1月	2月	3月	4月	5月	6月	7月	8月	9月	10月	11月	12月

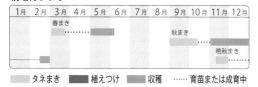

春まき／秋まき／晩秋まき

■ タネまき　■ 植えつけ　■ 収穫　…… 育苗または成育中

畑の準備　　　タネまき〜収穫

畑の準備

カブは肥えた畑を好みます。タネまきする前に堆肥を多めにすき込んでおきます。土中に少しぐらいの異物があっても問題はありません。

■ 肥料を施す

栽培予定地に1㎡当たり堆肥5kg、ボカシ300g、888有機肥料、かきガラ石灰を一握りまいて表土をレーキで混ぜ合わせます。

■ 畝を立てる

幅60cm、高さ10cmの畝を立て、表面をレーキで平らにならします。

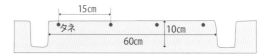

15cm　タネ　10cm　60cm

■ マルチを張る

幅90cm、株間15cm、条間15cm×4条の穴あき黒マルチを張り、周囲を土寄せして固定します。

タネまき

生育に適する温度は15〜20℃で冷涼な気候を好みます。夏を除けば通年で栽培できますが、秋まきが最もつくりやすい時期になります。

■ タネをまく

タネが小さいので、親指と人差し指で数粒つまみ、中指で1cmの穴をあけタネをまき、指で覆土して軽く押さえます。

84

❷トンネルをかける

タネをまき終わったらすぐに、防虫ネットをトンネルがけします。

株の経が5cm前後になったら、順次収穫していきます。収穫が遅れると果肉も固くなり味も落ちます。また、根部もに亀裂が起きてくるので早めに収穫します。約40日で収穫となります。

発芽後の管理

発芽は早く、タネまき後3〜4日で芽が出ます。双葉の段階で間引きをし、その後、本葉が4〜5枚になったら株を痛めないようにハサミで切って、1本に間引きます。

こんな品種にもチャレンジしてみたい
赤カブは肥料少なめで育てます。根部は丸みのある楕円形で大きさも揃い育てやすい野菜です。栄養価も高く、サラダに彩りを加えて食欲をそそります。

カブのベーコンシンプルソテーを作る
カブは葉を切り分け、葉を長さ3〜4cmに切ります。カブは皮をむかず6〜8つのくし切りに、ベーコンは幅2cmに切ります。
●つくり方
①フライパンにオリーブ油を弱めの中火で熱し、カブを焼き色がつくまで炒めます。
②株が柔らかくなってきたら葉とベーコンを加え、塩、粗挽き黒コショーで味付けします。トマトとタマネギも入れています。

ペレット種子でいっせいに発芽させることが重要

ニンジン

ここが栽培ポイント

- ●連作の害は少ないが、1〜2年の輪作が望ましい。
- ●吸水率が低く発芽しにくい作物なので、乾燥しないように水やりを欠かさないこと。
- ●土に異物があると根がまっすぐに伸びないので、ふるいで細かな土にします。
- ●幼苗期では葉が触れ合う方が生育がよく、本葉3〜4枚のころ1本に間引きます。
- ●春、夏、晩秋まきができますが、冬は換気孔のあるポリトンネルで被覆する。

栽培カレンダー

1月	2月	3月	4月	5月	6月	7月	8月	9月	10月	11月	12月
		春まき									
						秋まき					
										晩秋まき	

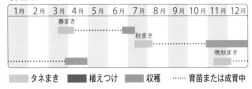

█ タネまき　█ 植えつけ　█ 収穫　…… 育苗または成育中

畑の準備

タネまき〜収穫

畑の準備

土に異物がないようふるいにかけて、細かくしておきます。黒マルチを張ります。

■肥料を施す

元肥は入れないで、1㎡当たりボカシ300g、かきガラ石灰を一握り全面にまき、表土とレーキで混ぜ合わせます。

■畝を立てる

幅60㎝、高さ10㎝の畝を立てて、表面の土をふるいにかけて細かくします。

幅90㎝、株間15㎝、条間15㎝×4条の穴あき黒マルチを張り、周囲を土寄せで固定します。

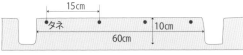

タネまき

■タネをまく

タネは小さく、ひねりながら1穴に3〜4粒まきます。1㎝程度土をかけ、軽く押さえます。

発芽率が低いので水やりは欠かせません。

■トンネルをかける

夏の強い日差しを和らげるのと虫除けのために、防虫網トンネルをかけ、収穫時までかけておきます。

発芽後の管理

ニンジンは幼苗期には葉が触れあったほうが順調に生育するので、本葉2～3枚と本葉6～7枚の時の2回間引きします。

■1 間引きをする

本葉3枚のころ1本に間引いて、なるべく大きくて元気なものを残します。

■2 追肥する

根がまっすぐに15～20cmほど伸びてくると根は横に肥大してきます。ここが追肥のタイミングです。

■3 トンネルを外す

トンネルの天井に生長した葉が届いてしまったら、トンネルを外します。

収穫

通常タネまき後、100～110日で収穫となります。春まきは葉が長く、晩秋まきは葉が短くなります。

キアゲハの幼虫を見つけたら駆除します

ニンジンのようなセリ科の野菜には独特の芳香があって病害虫は比較的に少ないですが、キアゲハの幼虫には注意します。葉を丸坊主にされてしまうことがあります。小さくて黒いのが幼虫で緑と黒いのが老齢の幼虫です。

ニンジンシリシリに挑戦

採りたてニンジンを千切りにしてサラダで。間引きニンジンをそのまま食べるのがおすすめです。他に、

●沖縄料理のニンジンシリシリ：ニンジン1本を千切りにして卵と炒め、ツナ缶1個、鰹のだしの素・塩少々と混ぜ合わせます。

●きんぴら、ひじきの煮物、ナムル、黄金のかき揚げ天ぷら、春まきなど。

気温の安定した春と秋の栽培が安心です

レタス

ここが栽培ポイント

◉ 連作を嫌うので2～3年の輪作が望ましいですが、家庭菜園では豊富な堆肥と肥料で連作をすることができます。

◉ 涼しい気候を好みます。春まきと秋まきがおすすめです。

◉ 植え付け株数が少ない場合は、市販の苗を購入したほうが便利です。

◉ 雨に当たると腐りやすくなるので、早めに収穫します。

◉ 混植で栽培可能です。

栽培カレンダー

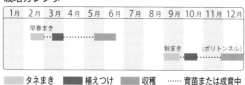

| 1月 | 2月 | 3月 | 4月 | 5月 | 6月 | 7月 | 8月 | 9月 | 10月 | 11月 | 12月 |

早春まき

秋まき　（ポリトンネル）

■ タネまき　■ 植えつけ　■ 収穫　…… 育苗または成育中

畑の準備

タネまき～収穫

畑の準備

栽培予定地に前もって完熟堆肥を十分に混ぜ込み、ボカシ 200g、888 有機肥料、かきガラ石灰を一握りまき、レーキで表土をならします。

1 畝を立てる

幅60cm、高さ10cmの畝を立て表面をレーキでならします。株間 30cm、条間 45cm× 2 条の穴あき透明マルチを張り、周囲を土寄せして固定します。

植え付け

1 植え付ける

植え付け株数が少ない場合は、苗を購入したほうが便利です。植え付け後トンネルをかけます。

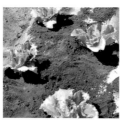

収穫

結球しても、触ってふかふかしているようであれば収穫せず、固くしまってきたら収穫します。根元から切り取り、不要な外葉は取り除きゴミ肥料にします。

歯ごたえ抜群の新鮮レタス。雨に当たると腐りやすいので早めに収穫します。

混植のすすめ

レタスはいろんな作物と混植ができます。トウモロコシの条間やハクサイ、エダマメ、キュウリなどと混植が可能です。

歯ごたえ抜群の新鮮レタスチャーハンを作る

レタスのシャキシャキ感が楽しめる、新鮮で食欲が増す一品です。

●材料：レタス、ハム、卵、鶏ガラスープの素、醤油、マヨネーズ、ご飯、塩コショウ、サラダ油

●作り方：①ハムを角切西、レタスは食べやすい大きさにちぎります。②フライパンに油を熱し、ハムを炒めとき卵を入れて半熟になったところでご飯を入れ炒めます。③鶏ガラスープの素、塩コショウを入れます。④マヨネーズをかけ、醤油を回し入れます。④レタスを全体に散らし、レタスが少ししんなりするまで炒め、盛り付けて完成です。

頂花蕾の収穫後、側花蕾が長期間収穫できる

ブロッコリー

ここが栽培ポイント

◉連作を嫌うので1〜2年の輪作が望ましいですが、家庭菜園では豊富な堆肥と肥料で連作をすることができます。

◉7月にタネまきして11月から収穫し、その後春まで側花蕾を収穫します。

◉植え付け株数が少ない場合は市販の苗を購入したほうが便利です。

◉株を大きくさせてから蕾をつけるのが基本。

◉カリフラワーも同じ方法で栽培します。外側に葉を包み遮光すれば真っ白な花蕾に。

栽培カレンダー

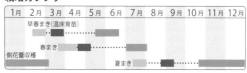

1月	2月	3月	4月	5月	6月	7月	8月	9月	10月	11月	12月

早春まき(温床育苗)
春まき
側花蕾収穫
夏まき

■ タネまき　■ 植えつけ　■ 収穫　…… 育苗または成育中

畑の準備

植え付け〜収穫

畑の準備

１肥料を施す

植え付け予定地の中央に深さ40cmの溝を掘り、元否として堆肥や乾燥ゴミをたっぷり入れ、888有機肥料、ボカシ300g、かきガラ石灰を一握りまいて埋め戻します。

２畝を立てる

幅60cm、高さ10cmの畝を立て、表面をレーキでならし平らにします。

植え付け・その後の管理

１苗を植え付ける

購入した苗の根鉢を崩さないようして植え付け、水をたっぷり与えます。

２有機でマルチがけする

植え付けた後、乾燥と雑草防止のために、枯れ草や堆肥などの有機マルチを施します。乾燥したら水をたっぷりかけてやる。

トンネルは風で持ち上がってしまうことがあるので、トンネルの上からロープや支柱などで押さえておく。

花蕾が直径15cm前後が収穫期。大きくなると味が落ちる。

❸トンネルをかける

防虫網トンネルを張っていると蝶や蛾が飛来して産卵することはありませんが、隙間からヨトウムシが入り込むことがあります。

葉裏に産卵したヨトウムシ

花蕾が直径15cm前後になり、花粒が開かないものを収穫します。花蕾を切り取った後、脇芽から側花蕾がでて3月頃まで次々と収穫できます。

抗酸化効果があるアントシアニンの赤紫色

厳寒期に寒さから体を守るために「アントシアニン*1」を分泌します。花蕾や葉の表面が赤紫色になりますが、熱湯に入れると鮮やかなグリーンに変わります。

カリフラワーも同じ方法で栽培できます。

同じアブラナ科のカリフラワー、栽培方法も同じですが、側花蕾はできません。

ブロッコリーを入れた野菜盛りだくさんのおきり込み（煮込みうどん）を作る

①小麦粉200ccに塩一つかみを加え、水70ccで練り込み手打ちのうどんを作ります。

②深鍋に水1500ccを入れ昆布や鰹節でだしを取ります。

③豚肉を炒めたものにニンニク、タマネギ、ゴボウ、ニンジン、キノコ類、タケノコ、サトイモ、ダイコン、コンニャク（湯がいたもの）を②に加えて煮ます。

④①を固まらないように入れ、ブロッコリーやギンナンの実や味噌を加えて味を調えます。

⑤トウガラシやすりゴマを加えて食べます。

＊1：フラボノイド系の植物色素で、ブドウやリンゴ、イチゴ、ブルーベリーなどの果実、ナス、シソ、マメ種子の美しい赤色や紫色の色素成分。眼精疲労の予防・回復や目の働きをアップさせる効果があります。

地温の上がる5月中旬以降がタネまき時期

ゴマ

ここが栽培ポイント

- ●連作の害はほとんどありません
- ●土質を選ばず、病害虫の被害も少なく、日当たりと水はけのよい畑で露地栽培します。
- ●タネが小さいので、厚さ5ミリ程度に薄く土をかけ軽く押さえる。
- ●サヤが割れ始めたら収穫します。採り遅れると畑にタネがこぼれてしまいます。
- ●黒ごま、白ごま、金ゴマの種類がありますが、隣接して植えると実が混ざってしまいます。

栽培カレンダー

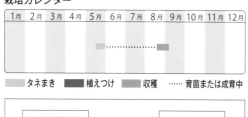

1月	2月	3月	4月	5月	6月	7月	8月	9月	10月	11月	12月

■ タネまき　■ 植えつけ　■ 収穫　…… 育苗または成育中

畑の準備

タネまき～収穫

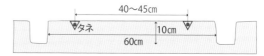

畑の準備

土質は選びませんが、日当たりと水はけのよい場所を選びます。

1 肥料を施す

栽培予定地の中央に深さ40cmの溝を掘り、1㎡当たり堆肥5kg、ボカシ300g、888有機肥料、かきガラ石灰を一握りまいて埋め戻し、表土を平らにします。

2 畝を立てる

幅60cm、高さ10cmの畝を立てる。表面をレーキでならし平らにします。

```
         40～45cm
    ▽タネ          ▽タネ    10cm
         60cm
```

タネまき

1 タネをまく

三角ホーで条間40cmのまき溝を2本きり、溝の谷間にタネをすじまきします。親指と人差し指でタネをひねるようにしてまけば、均一にまけます。

まいた後はレーキなどで薄く土をかけ、軽く押さえ、水をたっぷりかけます。

■1 間引きをする

約1週間で芽が出てきます。本葉2〜3枚のころ、間引きますが、ネキリムシなどにやられることがあるので、数回に分けて間引きます。最終的には株間20cm位にします。

■2 追肥と土寄せをする

開花が始まったころ除草をかね中耕する。倒伏防止のため根元への土寄せして、足で踏み固める。

■3 摘心する

未熟な先端を花ごと摘心すると、栄養が下の実に集まりしっかりした実になります。

ゴマはセサミン*1を多量に含む健康野菜
比較的栽培しやすい野菜なので、日当たりと水はけのよい畑の片隅にでも、毎年収穫したい野菜の一つです。

タネが熟してくると、サヤの先端が割れてきます。この時が収穫適期、遅れるとサヤからタネがはじけ飛んでしまいます。

■1 収穫する

サヤがついた部分の下を剪定ばさみで切って収穫します。

■2 乾燥させる

タネが飛び出さないように、不織布などで包み、雨の当たらないところで枝を上向きに立てて乾燥させます。

■3 ゴマをサヤから落とす

2週間ほどでサヤ先が割れて実が見えるようになるので、不織布ごと逆さまにして実を落とします。

■4 保存する

ゴミや小石が混ざっているので丁寧に取り除き、熱湯消毒したビンなどに入れて、カビないように保存します。

---

*1：ゴマの成分であるゴマリグナンに含まれる物質。体内に発生する活性酸素を減らす働きがあります。

連作は避け、窒素肥料もの元肥も不要です。

ラッカセイ

ここが栽培ポイント

- ●連作を嫌うので2~3年の輪作をします。
- ●元肥を入れずにタネを直まきします。
- ●子房柄が土中に入るまでは、除草や中耕を行い株元を柔らかい状態にしておきます。
- ●追肥は、葉の色が薄く生育がよくないときに土寄せや除草時に行います。
- ●葉が全体的にやや黄ばんで下葉が少し枯れてきた頃が収穫時期です。収穫が遅れると、子房柄が切れてサヤが土中に残ってしまうので注意します。

栽培カレンダー

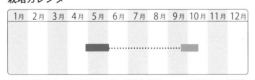

| 1月 | 2月 | 3月 | 4月 | 5月 | 6月 | 7月 | 8月 | 9月 | 10月 | 11月 | 12月 |

　タネまき　■植えつけ　■収穫　……育苗または成育中

畑の準備　　　　　タネまき～収穫

畑の準備

マメ科植物は根粒菌と共生して窒素の供給を受けるため、基本的に元肥は不要です。かきガラ石灰を一握り施し、よく耕します。

1 畝を立てる

幅60cm、高さ10cmの畝をつくり、レーキで平らにならします。センターにまき溝をつくります。

タネまき

1 タネをまく

株間30cmをとり、タネを1カ所に2～3粒ずつ点まきします。

まきおわったらレーキなどで土をかけ、まき溝を足で踏みつけます。

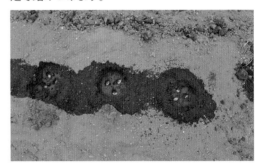

2 不織布防虫網トンネルをかける

鳥よけのため、芽が出るまで防虫網トンネルをかけます。

発芽後の管理

1週間から10日で芽が出そろい、7月上旬には開花が始まります。

1 中耕、土寄せをする

花が咲き始めるころ、子房柄の先端が土に潜りやすくさせるためと草が生えないよう中耕、土寄せを行います。

開花後、子房柄の先端が豆になります。

ラッカセイは花が散ると節から子房柄が伸びてきて土に潜り込み、先端のサヤが大きくなって豆になります。これがラッカセイ（落花生）の前の由来となります。

収穫

1 収穫する

10月になって、葉が全体的に黄ばんできたら収穫適期。試し掘りしてサヤの肥大具合を見て収穫します。

2 乾燥させる

露地で裏返すか雨の当たらない場所に吊っておきます。1週間ほど乾かします。

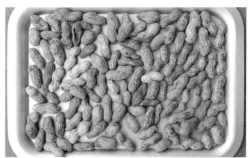

掘りたての落花生を茹でて食べる

収穫してきたばかりの落花生を塩ゆでにした旨さは、甘くてねっとりの格別の味となります。皮も栄養があるので一緒に食べよう。

痩せ地でも栽培できます。元肥は草木灰でよし

サツマイモ

- 連作の害はありませんが、1〜2年の輪作がおすすめ。
- 窒素肥料が多いとイモができないことがあります。肥料は入れなくて栽培します。
- 市販の苗を買うか、農家のひとに分けてもらいます。苗は一度しおれさせ、植え付ける前に吸水させることで初根の準備をさせます。
- つるが繁茂しすぎた場合は切るか、ひっくり返し根を引き抜きます。

栽培カレンダー

1月	2月	3月	4月	5月	6月	7月	8月	9月	10月	11月	12月

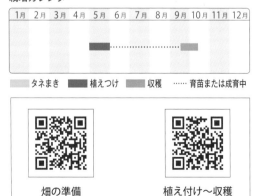

■ タネまき　■ 植えつけ　■ 収穫　…… 育苗または成育中

畑の準備	植え付け〜収穫

畑の準備

サツマイモは痩せ地で育てます。元肥として草木灰を施します。

1 肥料を施す

栽培予定地に1㎡当たり草木灰を一握り全面にまき、表面をレーキでなたし平らにします。

2 畝を立てる

幅60cm、高さ30cmの高畝を立てます。畝間は90cmぐらいとります。

植え付け

1 防草シートを張る

株間に草が生えないようにシートを張ります。

2 植え付ける

苗を30cm間隔に置いて、苗の2〜3節が埋まるように差し込んで植え付けます。苗といっても根はなく、挿し木をする感覚です。また、少しぐらい葉がしおれていても成長点がしっかりしていれば、枯れることはありません。1条植えが基本。

植え付け後の管理

■つる返しをする

植え付け後2カ月もすると、つるが繁茂して養分がイモにいかなくなるので、伸びたつるをひっくり返し（持ち上げる）、つるの節々からの発根を押さえます。

収穫

9月末から10月にかけて収穫します。サツマイモは植え付けてから3カ月で収穫できる大きさになります。試し掘りして大きさを確認し、早めに収穫します。

■茎葉を刈り取ります

収穫する前に、地上部の茎葉を株際から切り取り掘りやすくします。この時、株元を少し手で掘ってイモがあることを確認します。

■掘り上げる

少し根元から離れた所にスコップをいれて、イモを傷つけないようします。

■収穫する

根元近くに形が揃ったイモができます。

■保存する

泥付のまま乾燥させて、水はけのよい場所に穴を掘って埋めて貯蔵するか、発泡スチロールの箱に入れて保存します。

家庭菜園でつくりやすい紅あづま

食味がきわめてよく、ホクホク粉質で美味しいサツマイモで、家庭菜園で人気の品種です。

高温多湿を好むが乾燥には非常に弱い野菜です

サトイモ

ここが栽培ポイント

- ◉連作を嫌うので3〜4年の輪作します。
- ◉寒いと芽を出さないので4月中旬以降に植え付けます。タネイモは購入します。
- ◉土壌は保水性が高く、常に湿り気がある場所が栽培に適しています。
- ◉乾燥に弱いので、乾いたときは積極的に水やりをします。
- ◉根元に大量の土寄せをするとよくできます。収穫後のトウモロコシの茎葉などの有機物を敷いて、乾燥を防ぎます。

栽培カレンダー

1月	2月	3月	4月	5月	6月	7月	8月	9月	10月	11月	12月

■ タネまき　■ 植えつけ　■ 収穫　…… 育苗または成育中

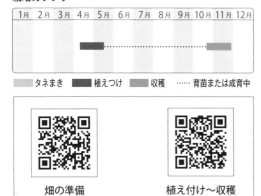

畑の準備　　植え付け〜収穫

畑の準備

サトイモは乾燥に非常に弱いため、栽培地の土壌は保水性がよく、常に湿り気がある場所が適しています。

1 肥料を施す

栽培予定地の中央に、深さ40㎝の溝を掘り、1㎡当たり堆肥5kg、ボカシ300g、888有機肥料、乾燥生ゴミ、かきガラ石灰を一握りまいて埋め戻し、表面をレーキでならし平らにします。

2 畝を立てる

幅60㎝、高さ10㎝の畝を立てます。

植え付け

1 植え付ける

株間30センチを空け、タネイモの芽を横か下にして畝の中央に深さ5㎝ぐらいまで押し込み、土を被せます。

植え付け後の管理

❶有機マルチをかける

芽が出そろったら、堆肥や枯れ草などの有機物でマルチングします。

❷土寄せをする

大きな子イモを収穫するためには、芽が乾燥しないようにしっかり土寄せをする必要があります。

❸追肥と2度目の土寄せをする

梅雨が明けるくらいにかけて、追肥と2回ほど中耕し、しっかりと土寄せを行います。

❹乾燥防止のために水やりをする

乾燥が続くときは、畝間にたっぷりの水をやります。収穫後のトウモロコシの葉茎を敷きます。

収穫

10月中旬を過ぎると子イモも十分収穫できる大きさになりますので試し掘りし、充実したイモであれば収穫。イモを傷つけないよう、少し離れたところにスコップを入れ、株ごと抜き取ります。

❶保存する

子イモを手で折るように外し、泥付きのまま通気性のよい容器に入れるか、発泡スチロールの容器で保存します。

芋串（芋田楽）を作る

収穫したサトイモに子芋がたくさんできる。衣かつぎで食べても美味しいが、一手間かけた芋田楽にして食べる。子芋を茹で、熱いうちに皮をむき竹串に刺します。

①、ゴマを炒り、すり鉢ですったところに砂糖（スプーン大さじ2杯）、味噌（スプーン大さじ2杯）を混ぜ合わせる。

②、①を鍋に入れ、日本酒を加えて溶かしながら煮立たせる。

③、串に刺した子芋に②の味噌たれを塗りながら、炭火で焼き上げる。

④、焼き上がった子芋に、ユズ、刻みネギ、サンショの粉などを好みでトッピングして食べる。

タネまきから1カ月前後で収穫できるお手軽野菜
ラディッシュ

ここが栽培ポイント

- ●タネまきから1ヶ月前後で収穫でき、真夏と真冬以外はいつでも栽培できます。
- ●形のよいものを収穫するためには、プランターを日当たりのよい場所に置き、タイミングよく間引きます。
- ●プランターの乾燥に注意して水やりをします。また、薄い液肥を与えます。
- ●根部が土の上で、直径2〜3cmになったら収穫します。収穫が遅れると根部が割れたり、スが入るので早めに収穫します。

栽培カレンダー

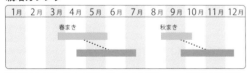

栽培用土の準備

タネまき〜収穫

タネまき

1 タネをまく

標準プランターに、赤玉土、バーミキュライト、腐葉土などを入れる。深さ1cmほどのまき溝を2本つくり、1cm間隔でタネをまきます。

土を薄くかけ、手で軽く押さえてタネと土を密着させ、たっぷりと水をやります。

2 間引き・追肥する

適期に間引いて間隔を空け、液肥を施します。

収獲

根の直径が2〜3cmになったら収穫します。取り遅れるとスが入り食味が落ちてしまいます。

水はけの良い土に、タネをまき植え付ける

サニーレタス

ここが栽培ポイント

- タネからまいてもよいが、市販の苗を利用したほうが簡単です。
- リーフレタスは緑系と赤系があります。
- 本葉4〜5枚の苗を根鉢を崩さずにやや浅植えにします。
- 赤玉土をしき、腐葉土やバーミキュライトの配合土にかきガラ石灰をまき、土をアルカリ性にします。
- 株元からきって収穫しますが、外葉からかき取り収穫すると長い間収穫できます。

栽培カレンダー

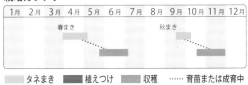

栽培用土の準備

タネまき〜収穫

タネまき

❶タネまきと間引き苗の植えつけ

プランターにタネをまき、鉢に植え付けます。赤玉土、腐葉土、バーミキュライトの配合土にかきガラ石灰を混ぜ合わせ、土をアルカリ性にします。

標準プランター　　標準鉢

収穫

外葉を必要な分だけ摘み取れば長い間収穫できます。水やりを兼ねた薄い液肥を与えます。

市販の苗を購入、深植えしないように植え付ける

ブロッコリー

ここが栽培ポイント

◎冷涼な気候を好み、花蕾が肥大するころ気温が低くなる秋栽培がおすすめです。

◎栽培する株が少ないならば、市販の苗を購入します。

◎風で苗が倒れる場合があるので、支柱に縛り保護します。

◎アオムシ、コナガ、ヨトウムシなどの虫害が多いので、こまめに虫を取り除きます。

◎花蕾の直径が10cm以上になったら収穫します。側花蕾は3月ごろまで収穫できます。

栽培カレンダー

1月	2月	3月	4月	5月	6月	7月	8月	9月	10月	11月	12月
		■	......								
側花蕾収穫							■	......			

	タネまき		植えつけ		収穫	...... 育苗または成育中

栽培用土の準備

植え付け〜収穫

植え付けと管理

大型のプランターか大鉢に、赤玉土、腐葉土、バーミキュライト、かきガラ石灰を混ぜ合わせた配合土を入れ、苗を植え付けます。

大型プランター　　　　大型深型

肥料切れを起こさないように追肥、土寄せや水やりを兼ねて液肥を施します。

収穫

花蕾が大きくなったら収穫。側花蕾は液肥をを与えて、3月ごろまで収穫します。

市販の苗を購入、とう立ちするまで収穫できる

パセリ

ここが栽培ポイント

◉市販の苗を購入し植え付けます。

◉長期間収穫できるので便利な野菜です。

◉直根性なので、根鉢を崩さずに定植します。

◉収穫期間が長いので、液肥を週1回施します。

◉夏は風通しのよい半日陰に、冬は5℃以上の
　暖かい場所に置きます。

◉本葉が13枚以上になったら、下の葉から
　切り取って収穫します。

◉常に葉を残しておかないと株が弱ってしま
　うので注意します。

栽培カレンダー

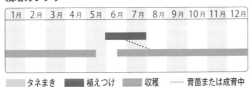

| 1月 | 2月 | 3月 | 4月 | 5月 | 6月 | 7月 | 8月 | 9月 | 10月 | 11月 | 12月 |

タネまき　　植えつけ　　収穫　　……育苗または成育中

栽培用土の準備

植え付け〜収穫

植え付けと管理

プランターか鉢に、赤玉土、腐葉土、バーミキュライト、かきガラ石灰を混ぜ合わせた配合土を入れ、苗を植え付けます。

標準プランター　　　　標準鉢

収穫期間が長いので、水やりを兼ねて液肥を施します。キアゲハの幼虫が葉を食べていました。

収穫

下の葉から柔らかそうなところを収穫します。収穫後は追肥をほどこして次の葉の成長を促します。

切り取って収穫後、追肥を施し再び収穫できます

ワケギ

ここが栽培ポイント

- ◉ワケギはネギとシャロットの雑種で、株分けで繁殖します。
- ◉秋にタネ球を植えます。1度植えると2〜3年植えっぱなしでも大丈夫です。
- ◉湿り過ぎは生育が悪くなるので水のやりすぎには注意します。
- ◉根元から3〜4cm残して切り取り収穫します。
- ◉収穫時期が数年になるので、肥料切れにならないように注意します。

栽培カレンダー

1月	2月	3月	4月	5月	6月	7月	8月	9月	10月	11月	12月

2〜3年はこのままで収穫ができる

■ タネまき　■ 植えつけ　■ 収穫　…… 育苗または成育中

栽培用土の準備

植え付け〜収穫

株分けの植え付け

プランターか鉢に、赤玉土、腐葉土、バーミキュライト、かきガラ石灰を混ぜ合わせた配合土を入れ、株分けで植え付けます。

標準プランター　　標準鉢

手前のスペースには九条ネギをまいています。

収穫

ワケギの根元から3〜4cm残してから切り取り収穫します。再び新芽が伸びてきますので追肥をします。九条ネギは引きぬいて収穫します。

後方がワケギ、手前が九条ネギ

朝食の納豆に混ぜ合わせて食べたり、うどんや蕎麦の薬味として利用しています。

第4章

冬 の 収 穫

鉄分含量が多い緑黄色野菜、酸性土は中和します

ホウレンソウ

ここが栽培ポイント

- ◉連作を嫌うので1～2年の輪作が望ましいですが、家庭菜園では豊富な堆肥と肥料で連作をすることができます。
- ◉真夏を除けば1年中つくることができ、タネまき後30日ほどで収穫期になります。
- ◉穴あきマルチの点まきか、露地のすじまきで栽培します。
- ◉タネまき後、防虫網トンネルをかけます。
- ◉酸性土では発芽も悪いので、草木灰やかきガラ石灰でアルカリ性に中和します。

栽培カレンダー

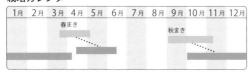

| 1月 | 2月 | 3月 | 4月 | 5月 | 6月 | 7月 | 8月 | 9月 | 10月 | 11月 | 12月 |

春まき　　　秋まき

▢ タネまき　▢ 植えつけ　▢ 収穫　…… 育苗または成育中

畑の準備

タネまき～収穫

畑の準備

ホウレンソウは肥えた土を好見ますが、窒素成分が多い肥料は控えましょう。また、酸性土を嫌うのでアルカリ土壌にしておくことが重要です。

❶肥料を施す

牛糞などの堆肥をまき、1㎡当たりボカシ 200g、888 有機肥料、草木灰かかきガラ石灰を一握り全面にまき、レーキで表土とよく混ぜ合わせます。

❷畝を立てる

幅 60㎝、高さ 10㎝の畝を立て、表面をレーキで平らにならします。株間 15㎝、条間 15㎝×4条の穴あき黒マルチを張ります。

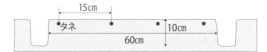

タネまき

穴あきマルチの場合は点まきになりますが、露地栽培ではすじまきします。タネまき後は防虫網トンネルをかけます。

❶タネをまく

マルチ穴に4～5粒まき、軽く手のひらで押さえる。十分な水やりをします。すじまきの場合は、2～3㎝間隔で2粒ずつまいていきます。

❷トンネルをかける

タネまき後は、不織布の防虫トンネルをかけ収穫までこのままにし、虫に食べられるのを防ぎます。

発芽後の管理

約1週間で発芽します。穴あきマルチを使用した場合は間引きは必要ありませんが、露地栽培では草むしりと間引きをします。

1防寒する
厳寒期であればポリトンネルで防寒します。

収穫

1収穫する
草丈20〜25cmが収穫の目安です。栄養分のある根部を1〜2cm付けて切り取ります。

タネまきを数回ずらしてまき、長期間収穫を予定しましょう。

2霜に当たり旨さが増えるホウレンソウ

厳寒期で霜に当たったホウレンソウは、葉が横に広がり旨さが倍増します。
根が驚くほど甘くなります。

ホウレンソウは新鮮であれば、おひたしがおすすめ

ホウレンソウをたくさん収穫した時は、塩茹でにして水気を絞り一度に食べる量に分けて冷凍保存すれば、いつでも美味さそのままで利用できます。
●おひたしの作り方
①ホウレンソウに塩少々加えて、たっぷりの湯で根元から茹でて冷水にとり、水けをしぼり3cm長さに切ります。
②醤油、かつおだしを混ぜ合わせます。
③①と②を和えて器に盛りつけ、かつお節をかけます。

漬物や冬の鍋には欠かせない定番野菜をつくる

ハクサイ

ここが栽培ポイント

- ◉連作の害はあまりありませんが2〜3年の輪作が望ましいでしょう。堆肥を十分入れれば連作もできます。
- ◉一般的には秋まきが多いですが、春まきもできます。
- ◉害虫被害を防ぐ意味で、植え付け後防虫網トンネルをかける
- ◉秋まきの場合、時期が遅いと結球しないまま春先に花が咲くので、菜の花として利用します。

栽培カレンダー

| 1月 | 2月 | 3月 | 4月 | 5月 | 6月 | 7月 | 8月 | 9月 | 10月 | 11月 | 12月 |

早春まき（温床育苗）
夏まき

■タネまき ■植えつけ ■収穫 ……育苗または成育中

畑の準備　　　植え付け〜収穫

畑の準備

植え付け場所に堆肥をたっぷり入れて、888有機肥料、ボカシやかきガラ石灰を混ぜ込みます。

①肥料を施す

1㎡当たり5kgの牛糞などの堆肥を入れ、1㎡当たりボカシ300gと888有機肥料、かきガラ石灰を一握りまき、レーキで表土と混ぜ合わせます。

②畝を立てる

幅60㎝、高さ10㎝の畝を立て、表面をレーキでならし軽く押さえる。

植え付け

植え付けの苗が少ない場合は、苗を購入します。

①植え付ける

本葉4〜5枚の苗の根鉢を崩さないように慎重にポットから抜き、株間30㎝、条間45㎝×2条植えにします。周囲の土で包み込むように植え込み、たっぷりの水を与えます。

②防虫網トンネルをかける

植え付け後は、すぐにハクサイの初期生育の時期は害虫被害が多いので、すぐに防虫網トンネルで覆います。

植え付け後の管理

植え付け後2週間もすると、葉が大きく伸びて広がります。1か月後には結球が始まります。ヨトウムシやナメクジが張らないよう注意しましょう。また、ゴミ汁液肥などを週1回は施します。

ハクサイを霜から守る真冬の防寒対策

越冬してハクサイを栽培する場合、降霜のため枯れてしまいます。外葉を寄せてヒモで縛って防寒します。また、防虫網トンネルをそのままかけておいても霜害を防ぐことができます。

収穫

１ 収穫する

結球した頭の部分を押さえてみて、固く締まっていたら収穫時期。包丁で尻を切って収穫します。

ベランダで保存する

ハクサイを新聞紙で包み、雨にぬれない場所に立てて保存します。1〜2か月は保存ができます。

気候と風土により甘楽で栽培されるネギの代表

下仁田ネギ

ここが栽培ポイント

- 連作の害は少ないが 1 〜 2 年の輪作が望ましいでしょう。
- 農園では苗を販売しているので購入するのがよいでしょう。甘楽以外の土地で栽培しても数年で普通のネギになってしまいます。
- 生育に応じて 2 度の土寄せで、堆肥や枯れ草などの有機肥料を株元に与え、通気性や保水性をよくします。
- 収穫まで 1 年半近くかかります。堆肥を十分に入れた土で生育します。

栽培カレンダー

	1月	2月	3月	4月	5月	6月	7月	8月	9月	10月	11月	12月
春まき												
秋まき												

▨ タネまき　▨ 植えつけ　▨ 収穫　…… 育苗または成育中

畑の準備

植え付け〜収穫

畑の準備

ネギは土寄せをしながら栽培するので、最初は畝は立てません。肥料も土寄せ時に入れるので耕すだけで大丈夫です。

植え付け

１植え溝を掘る

植え付け予定地の中央に、深さ 30cmのほぼ垂直に東西の植え溝を掘る。掘った土は北側に積み上げておきます。

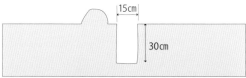

15cm

30cm

２植え付ける

植え溝に、株間 5 〜 7 cm空けて苗を立てかけ、根が隠れる程度に土をかけて埋め戻します。その上えに堆肥やわら、枯れ草などの有機物を敷き乾燥防止と通気性を確保します。

土寄せ

■土寄せをする

生育に応じて数度の土寄せをします。成長点（軟白部分から緑色の葉が分かれる部分）までに土をかけないようにする（成長点まで土をかけると生育が止まる）。一緒に追肥します。

ジャガイモやエダマメなどの混植のすすめ

エダマメを収穫した後、根粒菌の多い土や枝豆の茎・葉を埋め込み利用できるので、土寄せに一挙両得になります。

収穫

ネギは小さくても、いつでも収穫できますが下仁田ネギは熱を通さないと辛く、薬味などには適さないでしょう。収穫時には、数時間掘り上げて、畑に放置して乾燥させてから保存します。

■必要時に収穫する

適宜掘り上げて収穫しますが、下仁田ネギは乾燥させて枯れた葉を付けたまま、風通しがよく雨がかからない場所で、垂直に立てたまま保存します。

下仁田ネギを焼いて食べる

3センチ幅に切った下仁田ネギを鉄鍋で焼いて食べます。両面を焼いたところで、砂糖（スプーン一杯）に醤油（スプーン3杯）を混ぜ合わせ、ネギの上に振りかけます。

焦げ付かないように火を弱くして熱々のうちに食べます。日本酒で至福のの世界になります。

冬のベランダで作る

プランター栽培なら1年を通じて栽培できる
ミズナ

ここが栽培ポイント

● 連作を嫌うので1～2年の輪作が望ましいですが、プランターでは豊富な堆肥と肥料で1年中栽培できます。一般には秋から冬が栽培適期です。

● 名前の通り水を好むので、成育中は水切れに注意します。

● 生育スピードが速く、タネまき後1か月で収穫できます。

● 秋まきは害虫の心配はありませんが、それ以外の季節は防虫ネットで覆います。

栽培カレンダー

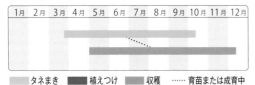

| | 1月 | 2月 | 3月 | 4月 | 5月 | 6月 | 7月 | 8月 | 9月 | 10月 | 11月 | 12月 |

■ タネまき　■ 植えつけ　■ 収穫　……… 育苗または成育中

栽培用土の準備　　　タネまき～収穫

タネまき

冷涼な気候を好むが、ベランダでは1年中栽培することができます。プランターに赤玉土、腐葉土、バーミキュライト、888有機肥料、かきガラ石灰を混ぜ込みます。

標準プランター　　　標準鉢

■ タネをまく

10～15cmの条間を取り、5mm深さのまき溝を2本作り、1cm間隔でタネを1粒ずつまきます。薄く土をかけ、手のひらで軽く押さえタネと土を密着させます。ハス口を付けたジョウロでタネを流さないように水をかけます。

■ 2度間引きをする

発芽がそろったときと本葉が4～5枚になったら5cm間隔に間引きます。

■ 追肥する

2回目の間引き後から1週間おきに水やりをかねて液肥をします。

収穫

草丈が20cm以上になったら収穫適期です。

冬は春の野菜作りに向けての準備時期

秋野菜の残り物を収穫しながら、後片付けがメインになります。
来たる春に向けて、畑を耕し病害虫を防ぎ、畑を休めたりします。
今年度で畑を返す人は、土地の上のものをすべて片付け整理します。

冬には天地返しをします （→ p118）

表層の土と深層の土を入れ替えます。表層土には雑草のタネや害虫が潜み、深層土には病原菌が少なく土をリフレッシュさせます。深層土は硬いですが、冬の凍結や霜、雪や雨で土が細かくなり、完熟堆肥などを投入することで団粒構造の土にすることができます。

80cm 以上掘り返します

113

ハクサイの霜対策

ブロッコリーの側芽の収穫

タマネギ・ニンニクの状況

イチゴの保温対策

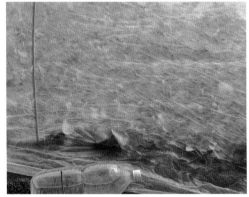

トンネル対策

エンドウ・ソラマメの霜対策

冬場は秋野菜のホウレンソウ、ハクサイ、ダイコン、ブロッコリーの側芽などの残り物を収穫しながら、次年度に向けて片付け作業に入ります。必要な地域であれば雪や霜対策の対応をし、堆肥やマルチに使うため落ち葉を保存します。

エンドウ、ソラマメ、タマネギ、ラッキョウ、ニンジン、イチゴ、アスパラガスなどは引き続き栽培することができます。

落ち葉を保存する

第5章

有機栽培のキモ

そもそも有機栽培って何？

有機栽培での野菜作りでは、よい土作りをすることが大事です。
無農薬・無化学肥料栽培が基本です。

無農薬栽培で化学肥料を使わない栽培法

有機農法の基本はこまめな観察と逐一の対処です。

無農薬での栽培では、虫による食害は避けることができません。日々よく観察し、葉に卵や食べ穴があったり、糞などが見られたら虫を見つけ捕殺します。発見が早ければ早いほど被害は少なくなります。

防虫網トンネルは有効ですが、完璧ではありません。ちょっとした隙間があればヨトウムシなどは入ってきます。一度虫が入ってしまうと防虫網が虫を捕食者から保護する形になってしまい、食害が広がります。

虫だけでなく、病気でも同じで作物の生育具合に合わせて、次の作業を考える必要があります。病気を発見したら取り除くなど、毎日のこまめな観察が有機農法による、野菜作りのポイントになります。

モンシロチョウの幼虫

ヨトウムシは捕らえて潰す

春の作業

混植のすすめ

F1種（一代雑種）野菜とは

人工的に作られたタネ（タネができない）で種苗会社から買うタネ。野菜の長さ、太さが均質で画一的で味がないが栽培安い理想のタネです。

苗の販売

防虫網トンネル

貸し農園での有機栽培

土壌が本来持つ有機物の循環過程を農業に応用したのが有機栽培です。落ち葉、枯れ草などの有機物の堆積が地中の生物・微生物によって分解されて養分となっていく環境を人工的に畑で作り出します。

作物の生育に関わる栄養分は窒素、リン酸、カリウムということはわかっていますから、化学肥料はそれを効率的に配合して作られています。しかし、微生物が活発に活動し、栽培に適した土を作る作用は化学肥料にはありません。有機の堆肥や肥料で作物が育ちやすい環境を作るのが有機栽培の基礎だということは述べました。

有機農法に近い栽培法に自然農法というものがあります。耕さない、肥料をやらない、農薬を使わない、草や虫を敵視しないを基本とし、草を刈り、それを栽培地外に出さずに養分として還元させる循環農法です。自然農法は自然界の摂理により近い状態で作物を育てます。

農園でこれを行うことはできませんが、自然に近い環境を作るという点では学ぶものがたくさんあります。

被覆資材を有効に活用します

有機では地力によって作物を栽培しますが、土以外の環境作りをサポートするのが被覆資材です。被覆資材にはいわゆるマルチ（→p127参照）や、寒冷紗や不織布などがあります。

被覆資材のかけ方は大きく3つあります。土の表面を覆うものをマルチと言います。ポリフィルムのほか、籾殻やワラ、枯れ草、堆肥などの有機マルチが使われることもあります。

半円形に組んだ支柱で支えながら、畝などをかまぼこ型に覆うものをトンネルと言います。主にポリフィルムを被せます。

ベタがけは、支柱なしに、不織布や化繊のネットで畝や畑全体を覆うこと。野菜の健全生育には予想以上の効果を発揮します。トンネルに寒冷紗や不織布をかけることもあります。

寒冷紗や不織布は、強い日差しの緩和や乾燥防止、強風から株を保護し、防虫や鳥害から野菜を守る目的で使用します。ビニールフィルムやポリエチレンフィルムなどは、主に保温用として使用し、寒い時期でもトンネル内でタネまきができます。

これらの被覆資材を使うことで、農薬の使用量を抑えることができます。葉菜類や根菜類などは、種まきから収穫までトンネル内で一貫して行うことができます。

有機栽培の基本は土 ［土の作り方］

完熟堆肥をたっぷり施し、微生物やミミズ、カブトムシの幼虫などが棲息する
フカフカの団粒構造の土作りをめざします。

天地返しをやってみた

もともと粘土層であったり長年栽培を繰り返していると、表面
の土が硬くなって水はけが悪くなったり、通気が悪くなったりし
てきます。また、トラクターなどで耕耘を繰り返していると地下
数十cmあたりに硬盤層ができて根の生育に支障をきたすケー
スがあります。病気も出やすくなるので、天地返しをして深層
の土と入れ替えます。

雑草のタネや害虫が潜む表層土と深い部分を入れ替えて土を
リフレッシュさせることは作物の生長に効果的です。畑全面で
なく部分的に深掘り（部分深耕）天地返しで、固い層を掘り起
こし深さ80cmぐらいまで深耕することで効果が十分期待でき
ます。今回は、ゴボウの栽培を予定していることから、畝の中
央に一筋掘り出してみました。

表層部の土を溝の一方に掘り出し、色が変わってきた中層部
から粘土質の深層部（関東ローム層と呼ばれる赤土）の土を
表層土とは反対側に掘り出して積み上げます。最終的に深さ
80㎝、幅30cm掘り下げました。

掘った溝に十分に施肥をします。土中生物・微生物の活動を
促し、土壌の団粒化を促進します。施肥終了後、先ずは表層
土を埋め戻し、最後に深層土を埋め戻して、天地返しは完了
です。

天地返しの概念図

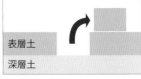

①表層部分を片
方に寄せます

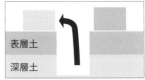

②スコップで掘
り下げて、片
方に寄せます

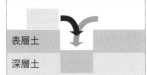

③深層部分を掘
り下げて、別
方に寄せます

④表層部分を最
初に埋め、深
層部分を上に
埋め戻し平ら
にします

フカフカの団粒構造の土を作ります

カブトムシの畑

天地返しで土を入れ替える

深さ80cm以上、幅30cmの溝を掘る

オケラが出てきた

有機質堆肥を施す

天地返しの際には、有機質の堆肥をたっぷり入れてやります。落葉や枯れ野菜屑、牛糞や鶏糞などの堆肥、888有機肥料やかきガラ石灰を投入して混ぜ合わせます。生ゴミは原形をとどめていても投入には問題なく十分効果があります。また、有機質堆肥は植物に必要な肥料成分をバランスよく含んでいますので、少し多めに入れるぐらいがいいでしょう。

畑の一角に溜めておいた落葉や野菜屑を投入する

作物の生ゴミを投入する

有機物肥料やかきガラ石灰を投入する

土壌の pH 濃度を変える

日本の土壌は一般的に酸性気味です。雨が多いために土中の石灰分（アルカリ分）が流出することが多く（雨自体も酸性）、加えて酸性の化学肥料を多く使うために、耕作地は酸性化が進みます。また、作物自体も根から養分を空襲する際に水素イオンを出しますので、土壌は酸性化します。

作物によって生育がよくなる酸性度は異なります。ここであえて「酸性度」というのは、極端な例を除けば作物は弱酸性（pH6.5程度）を好むからで、決してアルカリ土壌が好まれるわけではないからです。ホウレンソウは酸性度が強い土壌では正常に発育しません（pH6.5 ～ 7.0 が適正）。一方でニンニクやジャガイモなどは pH5.5 ～ 6.0 の弱酸性でよく育ちます。多くの野菜は pH6.0 ～ 6.5 の微酸性を好みます。

そこで栽培する作物に合った酸性度に土壌を調整する必要があります。酸性度は強くなった土壌には草木灰や貝殻粉末などの有機石灰を入れて酸性度を弱めます。一般的には苦土石灰が使われます。草木灰は木や雑草などを燃やせばできますが、田舎でも焚き火・野焼きは禁止されていますので、販売店で購入します。

草木灰をまいて酸性土を弱める

苦土石灰をまいて酸性土を弱める

団粒構造の土

土の粒と粒が団子状にくっついている土は水はけと通気性がよく、保水力もあり、植物の生育には欠かせません。反対の細かい土の粒がぎっしり詰まっている悪い土は、水はけが悪く栽培にはむきません。

良い土
（団粒構造の土）

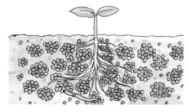

悪い土
（単粒構造の土）

適度に湿っている土を手に握って、固まった土を軽く指で押して崩れるようであれば、水はけの良い土です。

元肥を入れる

栽培前に畑に入れる肥料を元肥といいます。有機質肥料で作ったボカシ肥料は、ゆっくりと長期間効くので元肥としては最適です。腐葉土や牛糞、888有機肥料、かきガラ石灰などを投入して、土作りはほぼ終わりになります。1年更新の貸し農園では春の元肥が特に重要となります。

1年更新の貸し農園は春の元肥が勝負となります

888有機肥料を入れる

ボカシ肥料を入れレーキで混ぜ合わせる

市販の有機肥料の種類と効能

米ぬか

肥料の3要素（窒素、リン酸、カリウム）のうち特にリン酸が多く、甘みが欲しい果菜類の肥料として使われます。

油かす

なたねや大豆の油の絞りかすで、有機肥料の代表。窒素分が多い万能肥料です。

骨粉

牛や豚の骨からできていて、リン酸分が多く、カルシウムも含みます。油かすと組み合わせて万能肥料として使われます。

魚粉

乾燥魚を粉砕したもの。窒素とリン酸を多めに含んでいます。甘みが欲しい果菜類の肥料として使われます。

鶏ふん

ニワトリのふんでリン酸分が多く、効き目が強くやり過ぎには注意が必要。即効性があるのでタネまきや植え付けの2週間前ぐらいに使用するといいでしょう。

草木灰

草や木の枝を燃やしてできる灰を集めたもの。アルカリ性のため酸性土壌を中和するために使用します。カリ分が含まれ根もの野菜に効きます。

有機石灰

かきガラ石灰、かにガラ、貝石灰などがあります。アルカリ性なので酸性土壌を中和します。無機質の苦土石灰と比べるとその効果に持続性があり、じわじわと効果が現れます。

自分で作る有機肥料（→ 136 参照）
- 落ち葉堆肥
- 生ゴミ堆肥
- 天恵緑汁
- ボカシ肥料
- ゴミ汁液肥

天然微生物が生きた肥料で安心です。

畑の設計と栽培計画を立てる

限られた面積の中で効率よく野菜作りををするために、綿密な栽培計画を立てましょう。
農園のお知らせなどに注意して、植え時期や作業工程を理解し準備にかかります。

年間栽培計画を立てる

貸し農園では面積が限られているため、栽培計画は1年間の野菜をどの場所に植え付けるかの畑の計画を作り、狭い面積をムダなく、効率的に、連作障害、病害虫防除、日照問題を考えます。

今回のスペースは東西に2ブロック分け、片側に南北6つの畝を立て、もう一方には物置きスペースや生ごみ・落ち葉スペースを取り5つの畝を立てました。通路は30～40cm幅になっています。数年同じ場所で栽培するアスパラガスやニラは、畑の中央ではなく端に植え付けるます。

また、連作が苦手な作物は、デジカメで写真を撮り記録すると共に図面に書き残しておきます。次回の植え付けの時に参考にして、場所を変えるか、植え付けを休む必要があります。

連作に対する抵抗品種や接ぎ木苗の用いるか、コンパニオンプランツ（p130参照）を混植します。

病害虫防除（p130～131参照）　害虫や卵を見つけたら取りの除くことがポイント。病気を防ぐには畝の高さ、株間の確保、葉の密集を防ぎ風通しを良くするなどに注意します。

日照問題は作物にとっては特に重要です。トマトやナスなどの

畝の設計図

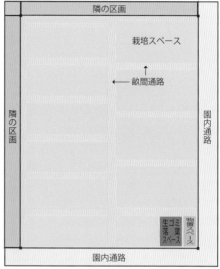

畝は農園通路ぎりぎりまで使うが、隣接区画との間は空けるのがマナーです。

日照を好む野菜は日陰にならないよう植え付けします。また、ミョウガやミツバなどは半日陰のところに植え付け、感想を嫌うショウガは、サトイモなどの影になるところに植え付けます。

綿密な栽培計画で作られた畑

年間栽培計画カレンダー

実際の栽培は品種により異なりますので、タネ復路の説明などを参考にしてください。

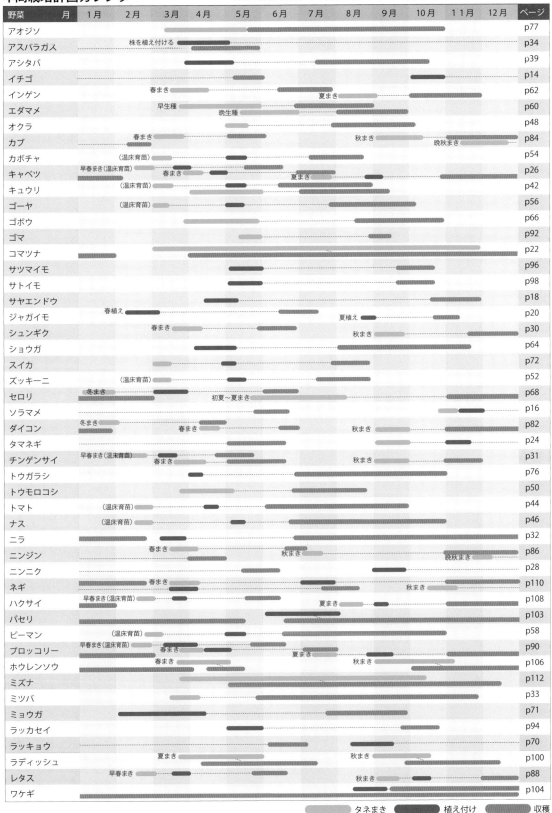

野菜　　　　月	1月	2月	3月	4月	5月	6月	7月	8月	9月	10月	11月	12月	ページ
アオジソ													p77
アスパラガス		株を植え付ける											p34
アシタバ													p39
イチゴ													p14
インゲン		春まき			夏まき								p62
エダマメ		早生種		晩生種									p60
オクラ													p48
カブ		春まき					秋まき		晩秋まき				p84
カボチャ	早春まき（温床育苗）												p54
キャベツ	早春まき（温床育苗）	春まき		夏まき									p26
キュウリ	（温床育苗）												p42
ゴーヤ	（温床育苗）												p56
ゴボウ													p66
ゴマ													p92
コマツナ													p22
サツマイモ													p96
サトイモ													p98
サヤエンドウ													p18
ジャガイモ	春植え				夏植え								p20
シュンギク		春まき			秋まき								p30
ショウガ													p64
スイカ													p72
ズッキーニ	（温床育苗）												p52
セロリ	冬まき	初夏～夏まき											p68
ソラマメ													p16
ダイコン	冬まき	春まき		秋まき									p82
タマネギ													p24
チンゲンサイ	早春まき（温床育苗）	春まき		秋まき									p31
トウガラシ													p76
トウモロコシ													p50
トマト	（温床育苗）												p44
ナス	（温床育苗）												p46
ニラ													p32
ニンジン		春まき		秋まき				晩秋まき					p86
ニンニク													p28
ネギ		春まき					秋まき						p110
ハクサイ	早春まき（温床育苗）			夏まき									p108
パセリ													p103
ピーマン	（温床育苗）												p58
ブロッコリー	早春まき（温床育苗）	春まき		夏まき			秋まき						p90
ホウレンソウ													p106
ミズナ													p112
ミツバ													p33
ミョウガ													p71
ラッカセイ													p94
ラッキョウ													p70
ラディッシュ		夏まき			秋まき								p100
レタス	早春まき						秋まき						p88
ワケギ													p104

タネまき　　植え付け　　収穫

畝は野菜のためのベッドです

野菜の健やかな生育のために、水はけや通気性を良くし病気を防ぎます。
栽培する野菜の種類や土質、日当たり、マルチ資材などを考慮して幅や高さを決めます。

畝を立てる

畝とは、野菜のタネをまいたり苗を植え付けるために、土を盛り上げた場所をいい、クワやレーキを使って畝をつくることを畝立てといいます。畝作りの目的は、水はけや通気性を良くすることです。また、間引きや定植、除草などの作業をしやすく、狭い面積を有効に利用する手立てでもあります。

畝の予定地の中央に溝を掘り、堆肥などの元肥を埋め、ボカシや草木灰などの肥料を全面に散布し、表土を良く混ぜ合わせて畝を立てます。

畝の高さや幅は、栽培する野菜の種類によりますが、家庭菜園であれば通常 60 〜 70cmの畝幅、通路は 25 〜 30cmあれば良いでしょう。

畝を立てたらすぐにマルチで覆います。風で飛ばされないようマルチの四辺を土で押さえておきます。マルチを必要しない野菜もあります。

土作りから畝作りまでを動画で紹介します。

天地返し・堆肥の投入

元肥を投入

土の酸性を計る

畝作りの方法

マルチ張り

トンネルがけの仕方

畝立ての手順

1
栽培予定地の中央に深さ 40cmの溝を掘り、堆肥や腐葉土、ボカシ肥料を入れ埋め戻します。
888 肥料やボカシ、かきガラ石灰を一握りまき、レーキで良く混ぜ合わせます。

2
畝幅 60cmになるようにヒモを張り、両サイドに土を分ける。

3
このラインに沿って両サイドから、半分ずつレーキで土を寄せて畝を立てます。

4
完成。マルチを張る場合はすぐに張ります（→ p127）。

マルチングって何のため？

自然界や自然農法では地表を草や枯れ葉が覆っています。これが本来のマルチの意味です。
有機栽培では農薬を使わないので、病害虫に侵されないためのひとつの対策です。

マルチングとは、畝など栽培地の土をポリフィルムやわらなどで覆うことをいいます。

ポリフィルムなどの石油製品を使うのは有機農法にそぐわないように思いますが、生分解性マルチフィルムなどが普及しており、使用後はそのまますき込むことで地中の微生物によって分解されます。

太陽光線を通す透明マルチやグリーンマルチがあります。土が温まり、グリーンは草がほとんど生えません。また、光を通さない黒マルチなどは、地温が上がらず草も生えませんので暑い時期に利用します。

また、天然物マルチもあります。敷きわらやバーク堆肥、干し草などで、保湿効果があります。

透明マルチ

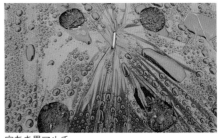
穴あき黒マルチ

マルチの効用

●土が固まらない

雨が降っても土が固まるのを防ぎ、通気性が失われず元のままの状態が維持できます。

●雑草が生えない

作物が植わっている部分しか露出していないため雑草が生えません。ただし、透明マルチでは生えてきます。

●保温・保湿効果がある

透明性のマルチほど地温が上昇。特に寒い時期に保温効果があります。また、作物の蒸散作用以外の水分の蒸発はないので、保湿効果もあります。

敷きわらマルチ

バーク堆肥マルチ

ホットキャップ

126

マルチングの手順

1
畝のはしにマルチを置き、土で押さえます。

2
ロールを回転させながら畝全体を覆います。シワにならないよう注意して張ります。

3
特に後部（終わりの部分）は張りながらロールを足で踏み、マルチの両サイドに土をかけると強く張れます。

4
マルチ押さえ（押さ杭や押さえピン）を使用してでき上がり。
上手にマルチを張るポイント
は、陽が出ている（温度が上がりフィルムが伸びやすいため）うちに張ることでシワを作らない事です。

有機肥料の与え方

有機肥料は、発酵過程を経た自然の動植物が原料です。
肥料の3要素（NPK）がバランス良く含まれています。

肥料要素の基礎知識を知る

植物が正常に育つためには、水と光と空気と養分（肥料）が
必要です。有機肥料は作物に必要な養分をバランス良く含ん
でいます。

肥料の3大要素

窒素(N)、リン酸(P)、カリ(K)です。窒素は葉肥といわれ、根、葉、
茎の発育繁茂を促進します。リン酸は実肥ともいわれ、開花
や実、根を促進します。カリは根肥ともいわれ、根の発育を
促進し、病害虫や寒さ対策に向きます。

二次要素

カルシウム (Ca)、マグネシウム (Mg)、イオウ (S) があります。
カルシウムは根の生育を促進し、土壌酸度を中和します。マ
グネシウムは葉緑素を、イオウはタンパク質をつくります。

微量要素

鉄 (Fe)、マンガン (Mn)、ホウ素 (B)、銅（Cu）、亜鉛 (Zn)、
モリブデン (Mo) も作物の健全な生育に必要なもので、ひと
つでも不足すると育ちや収量が悪くなります。

有機肥料の種類

肥料は「有機肥料」と「化学肥料（無機質肥料）」に分けられます。
有機肥料は天然素材の肥料で、土中の微生物によって分解さ
れてから吸収されるため、効果に時間がかかります。
堆肥：腐葉土、木材チップ（バーク）、牛糞、豚糞、生ゴミ堆
肥などがあります。
ボカシ肥料：米ぬかや油かすといった有機肥料に土や籾殻を加
えて発酵させた肥料です。
ゴミ汁液肥：ボカシで発酵した野菜かすから液を抽出したもの。
水で薄めて即効性の有機肥料となります。

市販の有機肥料

自分で作ることもできますが、市販の有機肥料を購入するのが
いいでしょう。効能と使い方をよく理解して使用しましょう。
米ぬか、油かす、骨粉、魚粉、鶏糞、草木灰、有機石灰（か
きガラ石灰、かにガラ、貝石灰）があります。

肥料 (NPK) の働きは？

窒素、リン酸、カリは肥料の3大要素と言
われます。窒素は植物全体に、リン酸は果実、
カリウムは根をつくる肥料です。

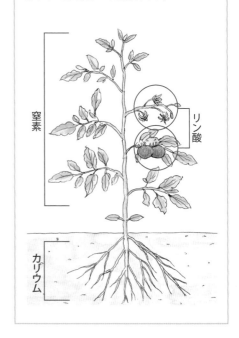

全面施肥

落ち葉堆肥は畝全体にまき、土を良く混ぜ合わせます。ホウレンソウなどのように生育期間が短い野菜に向いています。

溝施肥

畝の中央に溝を掘り、落ち葉堆肥を投入します。トマトやナスのように深根性の野菜、キャベツやハクサイのような生育期間が長いものに適用します。

ボカシ肥料の使い方

緩効性の肥料で元肥として使用します。微生物が多く、堆肥づくりの発酵剤にもなります。

元肥として使用

栽培前に元肥として、落ち葉堆肥などと一緒に施肥します。

追肥として使用

成育中に与える追肥として使用します。また、土寄せや中耕するときに軽く散布することで、じっくりと効いてきます。

堆肥の有機マルチ

自然界のように堆肥を根元に施して、保温や保湿効果を狙います。

落ち葉堆肥

植え付けたばかりのアスパラガスに、落葉を入れて、保温や保湿効果を狙います。

除草と害虫対策

無農薬で除草と病害虫にどう対処するかが問題です。
創意工夫の対策が被害を減らします。

除草は、雑草にタネがつく前に行うことがポイントです。畑
にタネをこぼさないことです。乾燥している場合、乾燥が進

むのを防止するため、抜
いた雑草は地表に放置し
ておきます。

また、除草した雑草類は
畑に埋めて、有機マルチ
や堆肥としても利用しま
す。

無農薬で病害虫から野菜を守る方法

害虫の卵や幼虫は、見つけたら捕殺する必要があります。成
虫が食害するものと産卵後の幼虫が食害するものがありま
す。成虫にはウリハムシなど、幼虫にはヨトウムシ、アオム
シ、ネキリムシなどがいます。

病気には健全な作物を作ることがポイントになります。

被覆資材を利用する

害虫を防ぐには植え付け後すぐに防虫網トンネルで覆うのが
効果的です。防虫網は寒冷紗や不織布などいろんな種類があ
ります。また、支柱なしのベタがけも活用しましょう。その
ほかに鳥害の被害を防ぐ防鳥網もあります。

健全に育てる

十分な栄養素を摂取して健全に育った植物は、病気になりに
くくなります。栄養豊富なボカシ肥料や木酢液などを与える
と元気に育ち病気にかかりにくくなりますが、全くなくなる
わけではありません。病気が発生してしまったら、早めに取
り除き伝染を防ぎます。

コンパニオンプランツを活用する

コンパニオンプランツを混植することによって、お互いが元気
に育ち、病気にも強くなります。

多品種収穫を目指すだけでなく、
作物の健全な育成のためにコン
パニオンプランツを積極的に取
り入れましょう。

植え付け後すぐに防虫網トンネルを張り虫食いを防ぐ

キュウリに発生したうどん粉病

●害虫の種類

ヨトウムシ
春から秋にかけて発生。
雑食性で手当たり次第
に食害します。幼虫の
うちに処分します。

アブラムシ
新葉、花、蕾などに群
生して寄生。ガムテー
プなどに貼り付けて捕
殺します。

ウリハムシ
幼虫はキュウリやカボ
チャなどのウリ科に発
生します。

害虫は積極的に捕まえる

カタツムリやナメクジ、コガネムシは葉を食い荒らし、ネキリムシは根元を食い切り倒してしまう害虫です。害虫は捕殺するという直接的手段しかありません。ペットボトルに閉じ込めるか、ガムテープに貼り付けて退治します。

地中に潜む害虫

地面を耕しているといろいろな虫が出てきます。ヨトウムシの黒いさなぎをそのままにすると、羽化して無数の卵を産んでしまうので潰してしまいます。

カブトムシの幼虫は腐植を食べて糞を出すミミズと同じ働きをしますので益虫です。やっかいなのはヨトウムシで、老齢幼虫になると昼間は株元の土に潜っていて見つけづらくなります。

作物にいる害虫

コガネムシは豆類の葉を筋のみの網状に食害します。危険を察知すると葉から転げ落ちて逃げる性質を利用して、バケツやペットボトルにじょうごをさして捕獲します。

ウリ類にくるウリハムシや、ナス科につくクサギカメムシなども同様にして捕殺します。

天敵 (益虫) を利用して退治する

無農薬で栽培していると自然界の摂理が見え、弱肉強食の世界が畑の中に見えてきます。害虫にとって天敵 (益虫) が現れてきます。こうした益虫生物の利用が無農薬栽培の秘訣となります。

テントウムシはアブラムシを食べ、クモは害虫を捕らえます。カマキリは肉食でカメムシやバッタなどを食べます。トカゲやカエル、トンボなど、小鳥たちもムシを捕らえて食べています。

手作りの自然農薬で退治・忌避効果

有機農法で使う自然農薬「ストチューミックス」を利用します。焼酎、酢、木酢液を同量混ぜ、そこにタバスコ、ニンニクを加えた強力ストチュー原液を作り、水で薄めて使用します。

栄養豊富なボカシ肥料を与えて植物を元気にする。

カブトムシの幼虫
土を団粒構造にするミミズと同じ働きをするので捕まえないで放置します。

●害虫の天敵となる生物

害虫の天敵は益虫なので利用します。
左上：クモ
左下：カマキリ
下：テントウムシ

あると便利な用具と資材

野菜作りには、ある程度の用具が必要ですが、
農園ではすべて揃っていて、借りることができます。

農園にはすべて用具は揃えてあり、とりあえずは揃える
必要はありません。作業を行っていくうえで、必要に応
じて買いそろえましょう。

スタートは最小限の用具を揃えたい

栽培する野菜の種類にもよりますが、最小限必要なもの
は、クワ（鍬）、スコップ、レーキ、三角ホー、ハサミやカッ
ター類、移植ごてなど。後は、畝幅をはかるメジャー、
肥料や小物を運ぶバケツ、水やりのじょうろ、タネや小
物を入れるポリボックス、畑で肥料などを入れておくポ
リ容器、農園では水道が使えるので水まき用のホースが
あると便利です。

資材は、支柱と誘引するヒモ。マルチングや不織布、寒
冷紗などのトンネル資材。無農薬栽培では必需品なので
必要に応じて揃えていきます。

用具や資材は終わったらきれいに洗い落とし、農園に返
しておきます。自分の用具は雨露のかからない場所で保
管して、ハサミ類は時々油を差しておきましょう。

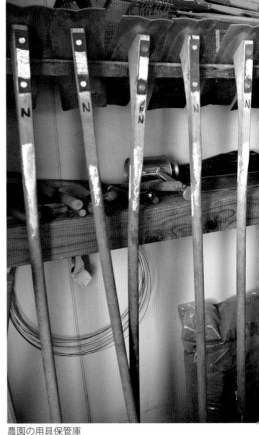

農園の用具保管庫

ツール入れケース

マルチ穴開け器

保管ケース

農園の用具保管庫、反対側

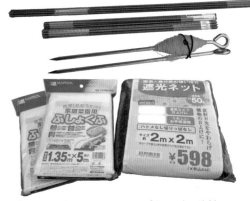

支柱や誘引するヒモ、マルチングやトンネル資材

野菜作りに必要な用具

種　類	特　徴
クワ	野菜作りでは最も利用する道具。畝立て、土寄せ、整地など利用範囲が広い。
スコップ	天地返しや溝掘り、イモ類の収穫時に利用する。先がとがったものが良い。
レーキ	畝作りの整地や草の集積作業などに利用する。
三角ホー	葉が三角形をしているので、タネまき溝を付けたり、タネをまいた後土をかけたりする際に重宝する。中耕、除草作業にも使える。
ハサミ類	収穫やヒモ・シート類を切るときに利用する。
移植ごて	苗の植え付けや、小さめの穴を掘ったり、土を混ぜるときに利用する。
ジョウロ	タネまきや水やりに利用する。
ナイフ類	収穫やヒモ・シート類を裁断するときに利用する。
バケツ類	肥料や水、小物類を運ぶときに利用する。
フルイ	ゴミや小石を取り除いたり、タネに薄く土をかけるときに利用する。
メジャー	畝幅やまき幅、条間を割り出すときに利用する。
ポリポット	ポリポットにタネをまき、育苗するときに使用する。
ツール入れケース	タネの保存やメジャー、ハサミなどの保存に利用する。

トラクターや耕耘機

一輪車で堆肥を運ぶ

133

ベランダのコンポストを使って堆肥を作る

市役所から無料で戴いたコンポストを使い、手作り堆肥を作ります。

右上：ベランダの一角にコンポストを置き、下に土を入れ、上に生ゴミや秋口に集めておいた落ち葉を入れる。ボカシや米ぬかを振りかけ、土をかけます。匂いがしないよう蓋をしっかり閉め、微生物で発酵していきます。

右下：中身が一杯になるまで、繰り返しを行います。途中、落葉が乾いているので水をまき、生ゴミには、たまにウジがわくので石灰を振りかけて殺します。半年から1年かけて完熟堆肥にします。

ベランダで作る野菜の肥料として利用しています。

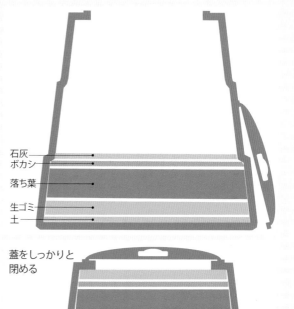

石灰
ボカシ
落ち葉
生ゴミ
土

蓋をしっかりと閉める

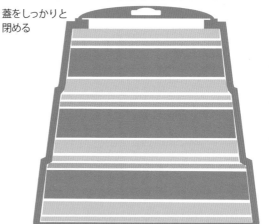

野菜クズに落ち葉とボカシや米ぬか、石灰を混ぜて熟成させる。

生ゴミ汁液肥を作る

昔使っていたキャンプ用の水タンクをで生ゴミ発酵容器にして、液肥作りにチャレンジしてみました。底を浮かしてネットを入れ、さらに、生ゴミを捨てるときに便利のようにゴミ入れネットを用意しました。当然絞りかすはコンポストに入れます。

台所から出るゴミや果物の皮や芯ほか、ボカシを混ぜて発酵させています。一杯になるまでこの繰り返し、蓋をきっちり閉めてウジがわくので注意します。

ペットボトルに入れて保存。これをじょうろに入れて、50〜100倍に薄めて使用します。

第6章

ベランダ栽培の基本

野菜作りのためのプランターの選び方

畑がない人にもコンテナ栽培なら、料理に使いたいとき直ぐベランダやテラスから利用できます。
野菜に合ったコンテナ（プランター）を選ぶことがポイントです。

野菜の種類によって、プランターを選ぶ

プランターや丸鉢、角鉢、お洒落な鉢まで様々なものがあります。設置スペースや野菜の種類によって、プランターを選びます。

野菜の種類によって、根が深く伸びるものと浅く横に広がるものがあります。また、大型の野菜にはそれに見合った大きさが必要ですが、葉菜類などは小さなプランターで十分収穫ができます。土がたくさん入るプランターのほうが収穫は増えますが、重さも半端なく移動も大変になります。

プランターの下には板などを敷き、ベランダ面（コンクリート）、に直接触れないようにすることと水はけをよくすることが重要になります。また、日中の日当り、夏の暑さや冬の寒さ、風対策などの工夫が必要になります。

プランターの種類

プランターは土に容量と深さによって、小型タイプ、標準タイプ、大型タイプ、深型タイプに分けられます。また、プランターのうち横長で直方体のものをプランターと呼び、横幅が65cmが標準の大きさです。鉢の大きさは号で表し、口径を示し1号は約3cmです。

小形タイプ 容量：6〜10ℓ 6〜7号
草丈が低く、少量の葉物野菜などに

小形タイプに適した野菜
ベビーリーフ、パセリ、ルッコラ、シュンギク、バジル、サラダカラシナほか

標準タイプ 容量：12〜20ℓ 8〜9号
収穫期間が短く、草丈の低い野菜に

標準タイプに適した野菜
ホウレンソウ、コマツナ、シュンギク、キョウナ、リーフレタス、ラディシュ、ほか

大型タイプ 容量：30〜40ℓ 11〜12号
栽培期間が長く、実・葉物野菜に

大型タイプに適した野菜
キャベツ、ハクサイ、ブロッコリー、タマネギ、トマト、キュウリ、ナス、ピーマン、ゴーヤー、ダイコンほか

深型タイプ 容量：20〜30ℓ 10号以上
根物野菜や大型野菜の1株植えに

深型タイプに適した野菜
トマト、ズッキーニ、ナス、キュウリ、ダイコン、ジャガイモ、サトイモ、ゴボウほか

プラスチック製のプランター

丈夫で実用タイプ。鉢底にネット付きが便利。

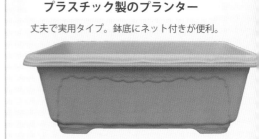

テラコッタのプランター

赤茶けた素焼き鉢で人気があります。

陶器のプランター

鉢そのものが重いが見た目はきれいです。

材質でプランターをえらぶ

野菜を栽培するだけなら、容器は何でも良いが見栄えも楽しみたいときは、市販のプランターを利用します。

●**プラスチック製のプランター**軽くて持ち運びに便利。ただ、保水性が高い反面、通気性が悪いので過湿にならないようにします。

●**テラコッタのプランター**

テラコッタはイタリア語で素焼き鉢を指します。通気性がよく、野菜の生育には適しています。

●**木製のプランター**

ナチュラルで、通気性が抜群だが耐久性は劣ります。

ブリキのプランター

バケツが懐かしい。

標準的タイプで葉菜類野菜に最適です。

深植えタイプの野菜に。

木製のプランター

ベランダの雰囲気がホッとするような優しさがあります。金具や木が腐食が難点です。

プランター栽培の土作り

プランター栽培では、水やりで土の表面が固まり通気性が悪くなります。
水はけと通気性がよく、有機質を含む土づくりが大切です

野菜の種類によって、使い分ける

水はけ、通気性が良く有機質を多く含み、適度に保水性がある土が野菜を育てます。市販の培養土を購入するのが簡単ですが、野菜の種類によって、基本用土に改良用土を混ぜて自分で作ります。また、腐葉土や堆肥などは完熟したものを使用します。

野菜にあわせて、自分で土をブレンドする

プランターでは土は制限されるうえに毎日の水やりで、土が締まり、水はけや通気性が悪くなります。その為、固く締まらない土にする必要があります。保水性がある赤玉土に、腐葉土や堆肥、バーミキュライトなどの有機物を加えて土を作ります。

野菜によっては酸度調整が必要になるので、かきガラ石灰を混ぜ合わせましょう。右の配合表を参考。

市販の培養土を購入して使う

市販の培養土は、そのまま使えるので重宝します。袋の成分表など参考にして選びます。とくにタネまき用の培養土は、きめが細かく、タネまきしやすくなっていて、発芽の確率は非常に高くなります。

土のリサイクル

同じ科の野菜を同じ土で作ると、連作障害が出てきます。品目や科が異なる野菜を栽培すれば、1年ぐらいは何とか持ちますが連作障害や害虫、病原菌などの影響が出てきます。再利用する場合は再生してから使います。

●古土の天日干し

土の日光消毒で乾燥させ、フルイにかけてゴミの除去をします。

●古土の再生

古土に混ぜるだけで再利用できるリサイクル材が市販されているので、手軽に利用できます。このとき、石灰やボカシ肥料を加えてよく混ぜ合わせます。

●再生土の保存

再生させた土はビニール袋にいれて、日光や雨が当たらない場所で保管します。

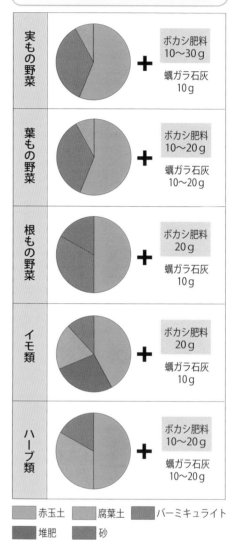

プランター栽培の理想的な土の配合

実もの野菜	+	ボカシ肥料 10〜30g / 蠣ガラ石灰 10g
葉もの野菜	+	ボカシ肥料 10〜20g / 蠣ガラ石灰 10〜20g
根もの野菜	+	ボカシ肥料 20g / 蠣ガラ石灰 10g
イモ類	+	ボカシ肥料 20g / 蠣ガラ石灰 10g
ハーブ類	+	ボカシ肥料 10〜20g / 蠣ガラ石灰 10〜20g

赤玉土　腐葉土　バーミキュライト
堆肥　砂

基本用土

赤玉土
関東ローム層の中層にある赤土を乾燥させて、土の大きさに分けたもの。通気性、保水性が保肥力に優れ、基本用土として使われます。

黒土
関東ローム層の表層土で、有機物を多く含む軽くて軟らかい土です。保水性はよいのですが、通気性、排水性が悪いため、腐葉土を混ぜて使用します。

改良用土

腐葉土
広葉樹の落ち葉を積み重ねて発酵させた代表的な改良用土。保水性、通気性、保肥力に優れ、土質を良くします。葉の形がなくなったものを使用します。

堆肥
樹皮や牛ふんなどの有機物を堆積発酵させたもので、わずかに肥料分を含みますが野菜を育てるほどの量ではないので、完熟肥料を別に施す必要があります。

バーミキュライト
ひる石を高熱処理し、もとの容積の10倍以上に膨張させたもので、非常に軽量です。保水性、通気性、保肥力に優れた改良用土用土です。

土の配合比率
一般的には、赤玉土4、たい肥4、腐葉土1、バーミキュライト1を混合します。
これに、ボカシ、かきガラ石灰をまぶして使用します。

古土の天日干し
枯れた野菜を取り除き、新聞紙に土を載せ、1週間ほど乾燥させます。フルイにかけゴミを取り除き保存します。

古土再生と再利用
リサイクル土にかきガラ石灰や有機肥料をよく混ぜ合わせて再利用します。

土の混ぜ合わせ容器を兼ねた肥料いれ

プランター栽培にあると便利な用具

使う頻度が高いのは、土入れ、移植ごて、ジョウロ、園芸バサミです。
野菜の種類によっては支柱やヒモなどの資材が必要になります

●土入れ
プランターに用土を入れるときに使いますが、移植ごて
でも代用できます。

●ジョウロ
ハス口が取り外せるものが便利です。一度にたくさんの
水を運べる大きめのジョウロがおすすめです。

●移植ごて
苗の植え付けや土寄せ、中耕、植え穴を掘ったりすると
きに使います。

●園芸バサミ
間引きや摘心、収穫に。ヒモや肥料袋を切るときなどに
使います。持ちやすく手になじむものを選びます。

●プラ舟、タフブネ
左官屋さんがセメントや砂を混ぜるときに使う容器。
80ℓほどの容量のものが使いやすく便利ですが、バケ
ツやレジャーシートでも代用できます。

●ポリポット
タネまきや苗を育てるときに使います。苗を購入したと
きのものを集めておきます。

●フルイ
タネをまいた後、土をかけるときに使います。細かいも
のから粗いものまで数種類の網目があると便利です。

●メジャー
タネまきや間引き、植え付けの間隔を測るときに使いま
す。

●ヒモ
支柱に茎を縛るときに使います。麻ヒモが使いやすいが、
茎を傷めないものなら大丈夫。

●支柱
つるを絡ませたり、トマトやピーマン、ナスなどの枝を
支えるために使います。

●ツールボックス
ハサミやメジャーなどの小物ほか、タネなどを入れます。

●不織布
害虫対策や寒さ対策に使います。

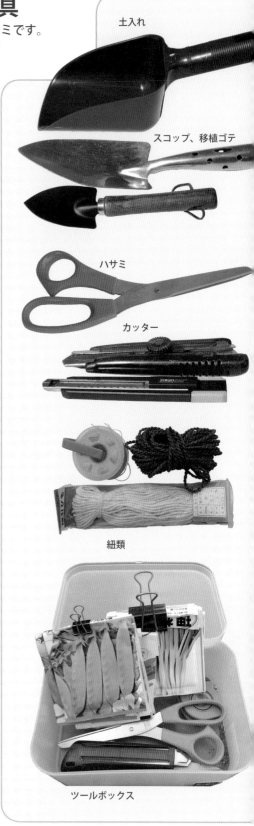

土入れ

スコップ、移植ゴテ

ハサミ

カッター

紐類

ツールボックス

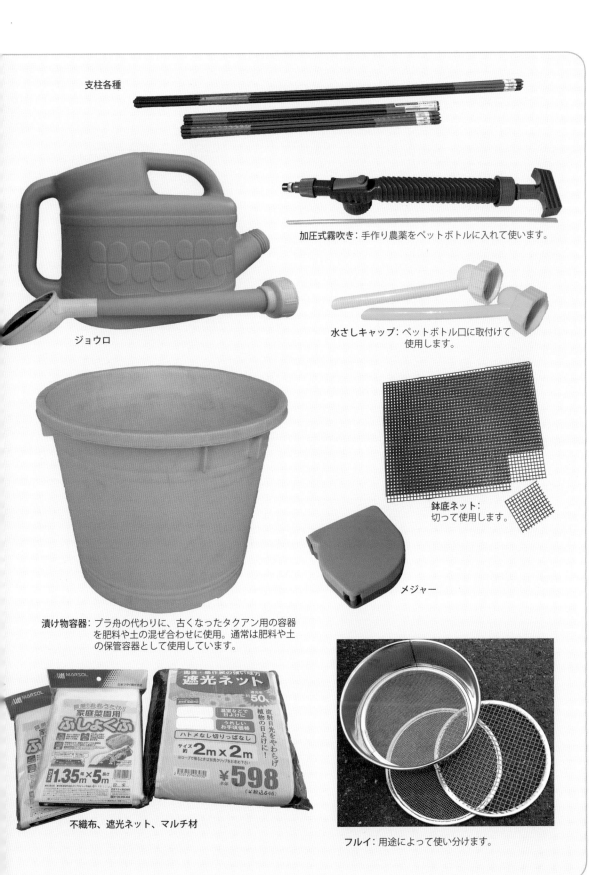

支柱各種

ジョウロ

加圧式霧吹き：手作り農薬をペットボトルに入れて使います。

水さしキャップ：ペットボトル口に取付けて
使用します。

鉢底ネット：
切って使用します。

メジャー

漬け物容器：プラ舟の代わりに、古くなったタクアン用の容器
を肥料や土の混ぜ合わせに使用。通常は肥料や土
の保管容器として使用しています。

不織布、遮光ネット、マルチ材

フルイ：用途によって使い分けます。

プランター栽培で有機肥料を使う？

ベランダのプランターで無農薬・無化学肥料での野菜栽培を行ないたい。
水やりのたびに肥料分が流れるので、有機肥料の液肥を施します。

プランターでも肥料の三要素は変らない

肥料の3要素（窒素、リン酸、カリ）はベランダ栽培でも変わらないので、P130～P131を参照してください。
肥料の袋に「8-8-8」の表示は、窒素、リン酸、カリがそれぞれ100g中に8gずつ含んでいることを示しています。これを俗に「サンパチ肥料」といい、3要素のバランスが良くどんな野菜にも使える肥料です。
ここでは、ベランダで作るコンポスト堆肥とゴミ汁液肥を紹介します。

コンポスト堆肥（p.134参照）
晩秋に落ち葉を集めておき、家庭ゴミや不必要な野菜ゴミ、実がまだついていない雑草などをベランダのコンポストに入れ、堆肥を作ります。最初に土を入れ、落ち葉、家庭ゴミ（野菜ゴミ）などを入れ、ボカシ肥料や貝ガラ石灰を混ぜ合わせジョウロで水を加えます。しばらくすると堆積が沈むので、落ち葉やゴミを入れを繰り返して、半年から1年をかけて完熟堆肥ができあがります。
注意しないと、ウジが発生することがあるので蓋をしっかり閉めることと、石灰を巻くことで防ぎます。
この堆肥をプランターの元肥として入れ、培養土培養土、牛フン、油カス、ボカシ肥料やかきガラ石灰、古い土を加えてよく混ぜ合わせて平らにして用土とします。効果がゆっくり現れる緩効性肥料です。

ゴミ汁液肥（p.134参照）
家庭ゴミ（野菜ゴミがメインで魚などは除く）と不要な野菜ゴミにボカシ肥料などを加えて、密閉容器に入れて作ります。数週間すると茶色の液がにじみ出てくるので、ペットボトルに集め、水で50～100倍に薄めて、水やりを兼ねた追肥として使用します。
液肥は直ぐに効果が現れるので、肥料切れで弱った株や短期間で収穫できる葉もの野菜に使用します。
また、頻繁な水やりのため肥料分が流れて栄養が不足するため液肥を施しますが、その結果、土が固く締まるので中耕する必要があります。

8－8－8有機肥料

かきガラ石灰

牛フン堆肥

油かすなどの肥料

肥料を入れて土を馴染ませる。

コンポスト堆肥を元肥にして使用する。

ゴミ汁液肥を追肥として施す。

病害虫対策を考える

病害虫の被害を減らすには、日照や風通しなど考慮して丈夫な株に育てること。
こまめに野菜の状態をチェックし。被害に遭っていないか注意します。

病害虫の予防と防除

日当たりや風通しが悪かったり、水はけが悪い環境では病気の被害が広がります。適切な株間をとり、日当たり、風通しを良くして肥料のやり過ぎや根ぐされに注意します。また、プランター間を空け、プランターの下にレンガや角材を置くなどの工夫で予防することもできます。時期にあった野菜作りも大切な要素になります。

害虫は見つけ次第捕獲して退治します。薬剤を使わずに被害を防ぐには、防虫ネットや不織布で覆うのが一番です。葉もの野菜などはタネまき後直ぐにネットをかけ、苗を植える時は、苗に虫の卵などがついていないか確かめてからネットをかけるようにします。

枯れ葉や黄色くなっている葉は、病気の発生源になるので取り除きます。

プランター下に板を敷き、風通しをよくします。

病気の発生源となりそうな葉は、取り除きます。

薬剤は正しく使って、安全に利用

予防していても、病気や害虫を完全に防ぐことは不可能です。被害を抑えるために薬剤に頼らなければならないこともあります。病気なのか害虫被害なのかを見極め、説明書をよく読んで使用法を守って散布します。自然素材で安心して使える天然系薬剤を利用します。

● 薬剤の正しい使用方法

害虫は葉の裏にも潜んでいるので、しっかり散布します。粒剤は量を守って、全体にばらまきます。

● 有機栽培用の BT剤

BT剤とは、「バチルス・チューリンゲンシステム」という微生物の頭文字から撮った名称。アオムシやコナガなどを対象にしたい天然系の薬剤です。

● 食品成分由来の薬剤

ジャガイモやトウモロコシのデンプンから作られたもの、シイタケの菌糸やジョチュウギクから抽出したもの、石鹸を主成分としたものなど、様々なものがあります。

● 自作の安全防虫剤「ストチューミックス」（P131参照）

株間をとることで病気を防ぎます。

スプレー剤は薄めずにそのまま散布できます。

害虫の防除は、防虫ネットや不織布で覆う方法がおすすめです。種まきや植え付けの後すぐにネットをかけます。

アブラムシは粘着テープでとります。

害虫は葉の裏にも潜んでるので、裏にも薬剤を散布します。

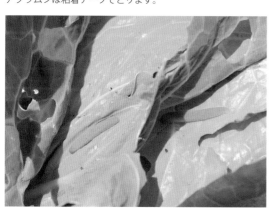

アオムシなどはピンセットや割り箸で捕まえ、退治します。

人間に無害の自然素材は安全な薬剤です。

タネを上手に発芽させよう！

　タネまきは意外に難しく、発芽は野菜の種類によって異なります。

　発芽する時に、光が必要な好光生種子は種が見え隠れする程度に土を軽くかけ、光を嫌う嫌光性種子は、タネの厚み3倍程度の厚さで土をかけるのが基本です。発芽しにくいタネは、芽だし（水につけてから濡らした布に包み、根が出たらまく）、タネの芽が出る部分をカットします（ゴーヤなど）。また、硬いタネの場合、一晩水につけてからまくようにします。

発芽がきれいに揃った状態

●好光生種子
　ゴボウ、シソ、セロリ、ニンジン、パセリ、ミツバ、レタス類、シュンギクなど

●嫌光性種子
　カボチャ、スイカ、ウリ類、トマト、ナス、ダイコン、ブロッコリー、ハクサイなど

まくときのテクニック①

まくときのテクニック
①コンテナの土を湿らせておき、土を板切れなどで軽く固めてからタネをまき、土をかけた後、さらに板切れで軽く押さえます。
②発芽するまで新聞紙で覆い、水をかけ湿らせて乾燥させないようにします。
③ポットまきの場合、タネをまいた後ポットごと水につけ、底部から水を吸わせます。

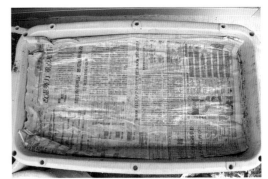
まくときのテクニック②

タネまき後の管理
　アブラナ科の野菜は、害虫の被害を受けやすいので、タネまき後に防虫ネットや不織布で防除します。

発芽後の管理
　季節（温度）にもよりますが、タネまき後3〜10日で発芽します。発芽後は元気の良い苗を残して、適正な間隔に間引きます。

まくときのテクニック③

第7章

農園に行ってみよう

■リタイア後は
■田舎で本格的に有機栽培をしても良いかな

甘楽町には町が応援する地域住民と海外の人との農業研修など、年間を等して様々な交流イベントがあります。

自然塾寺子屋は国際協力機構（JACA）の農業研修の一環として「農村から、日本を元気に！」というキャッチフレーズのもと、農業と農村での活動を通じ、地域・自然・人々ともに地域を活性化するための事業を甘楽で行なっています。

令和元年6月8日（土）には「異文化交流 de どろんこ田植え in 甘楽町」が開催され、ガーナ、ケニアを始めアフリカから10ヶ国11名の研修員を受け入れ、寺子屋のスタッフや地元の女性グループ・町の人々、群馬県北部の片品村から NPO 法人武尊根 BASE、森のようちえんの子どもたち100人以上が田植えを行いました。みんなどろんこになり、苗の感触と泥の温かさを肌で感じ、言葉はわからなくてもアフリカの人々と国境を越えた交流を楽しみました。田植えの後は、甘楽ふるさと農園にてバーベキューや歌、踊りで盛り上がりました。

海外からの研修員たちは地元農家の実施研修では日々の栽培管理、直売所やスーパーへの出荷方法などを学び、自国に戻って広めることと思います。

こうした田植え、稲刈りなどの農村活動体験は一般の方でも参加できます。自然塾寺子屋へお問い合わせください。

自然塾寺子屋　http://terrakoya.or.jp

上：一所懸命に田植えをする園児たち　下：国際協力機構の研修員たち 写真提供：自然塾寺子屋

霊峰稲含山（標高 1,370m）は、ぐんま百名山で 360度の眺望が楽しめます。毎年 5月 3日（祝日）が山開きで賑わいます。山麓にある那須集落では、蕎麦作り体験で種まきから収穫、12月には蕎麦打ちをして舌鼓します。

総合福祉センター、保健センター、子育て支援センター、地域包括支援センターがひとつになった「多世代サポートセンター にこにこ甘楽」は入浴施設も充実して誰でもお気軽にご利用できます。また、隣接して文化会館があり、コンサートや演劇など様々なイベントが開催されています。ふれあいの丘には陸上競技場があり、毎年 8月14日には夏祭り盆踊り大会＆花火大会が催されます。秋には産業文化祭が盛大に行われています。

群馬県内唯一の大名庭園の楽山園は、織田信長の次男信雄が築城した池泉回遊式の庭園です。平成12年に国指定名勝となりました。中小路や武家屋敷、桜並木と雄川堰とも往時の面影を残しています。新日本歩く道紀行 100選に認定されたコースもあります。また、春には武者行列が開催され、総勢 250人が鎧・甲冑で着飾り、毎年 3万人以上が集まります。

自然と環境に恵まれた甘楽は、人が温かく人情があります。、新鮮で旨い無農薬野菜づくりに挑戦を考えて、先ずは甘楽ふるさと農園でチャレンジしてました。

ここは、筆者の故郷であり、一学年下にプロ農家の吉田恭一（甘楽ふるさと農園組合長）さんがいたことから、今回の企画に協力していただき監修をお願いしました。

国指定名勝 楽山園

まずは体験 甘楽ふるさと農園を見学してみよう

群馬県の南西部に位置し、上毛三山をはじめ上信越国境の山並みや
浅間山が一望できる甘楽町上野の高台に農園はあります。
開園20周年を迎え、有機栽培にこだわった市民農園です。

甘楽ふるさと農園は甘楽町上野地区に位置し、浅間山、赤城・榛名・妙義の上毛三山を望む大パノラマが広がる丘の上にある市民農園です。開園以来20年間、化成肥料・農薬を使わない有機野菜作りを実践してきました。農具類の貸し出しや四季折々の苗木、種子販売、資材類および有機栽培専用の堆肥・肥料、耕耘機・トラクター(有料)の貸し出しなど、栽培講習会や収穫感謝祭など藻行われています。クラブハウス内には大型のお風呂場も完備され、農作業の後に汗を流すこともできます。休憩棟付き区画、調理室や外の広場でのバーベキュー(予約有料)で仲間や家族でワイワイと楽しむことができ、県内外のオーナーたちが利用しています。農業経験者の地元管理人が常駐し、初心者にも安心して農作業ができます。また、3年後には甘楽PAスマートインターが予定されてアクセスが良くなります。

■交通案内
・高崎駅より上信電鉄で30分
　(最寄駅 上州福島)
・上信越自動車道富岡インターから4km(10分)
　吉井インターから8km(18分)

お問合せ先
〒370－2201　群馬県甘楽郡甘楽町大字上野834
甘楽ふるさと農園　TEL/FAX 0274-74-7428
Https://www.kanrafurusatonouen.onen.com/
Https://twitter.com/k00334542

現地案内図

農園区画
休憩棟付き農園(26㎡)
　　　　300㎡×13区画　　年額240,000円
グループ農園
　　　　300㎡× 5区画　　年額 60,000円
大区画農園
　　　　150㎡×47区画　　年額 30,000円
小区画農園
　　　　 80㎡×50区画　　年額 16,000円

協同区画
クラブハウス245㎡(管理人が常駐)
研究室兼休憩室(ラウンジ)
調理室(600円／H)
男女別シャワールーム(200円／回)
駐車場　　　　80台
屋外トイレ2棟／東屋2棟／芝生広場

甘楽ふるさと農園の風景、浅間山や上毛三山の妙義山が眺望できます。高速道路も見えています。

農園風景

農園管理棟

元気で楽しそうな農園利用者たち

立派な野菜たち

151

農園主催のイベントで達人たちから直接学ぼう

野菜作り、土作りを直接プロの農家の方から学べるのが、農園などが主催するイベントです。また、農業だけでなく田舎暮らしの楽しさも味わうことができます。

今回紹介している甘楽ふるさと農園では毎年収穫感謝祭が行われています。プロの農家の方々や農園で野菜作りをしている方々と触れ合い、それぞれの栽培方法、工夫を直接聞くことができるのは、自身の野菜作りにとって、とても有用です。そしてそれらはきっと、ベランダでの野菜作りにも役に立つでしょう。

甘楽ふるさと農園は有機栽培を実践している農園です。実は、有機栽培は通常の市民農園では実践することすら難しいのです。
なぜなら自分の区画だけ有機にこだわったとしても、周りの畑で化学肥料や農薬が散布されれば、少なからず影響が出ます。化学肥料を使い続けてきた土壌の改良も大変です。
一方で、周りの畑も、隣に有機栽培の畑があることで迷惑を被ることがあります。農薬をまかない

畑があるために、病害虫の被害を受けるリスクが上がるからです。したがって、通常の農園で、慣行栽培と有機栽培の共存は非常に難しいのです。

今回、この本を書こうと思った最初の動機は、「ベランダで有機栽培がしたい、旨い野菜が食べたい」でした。そして実際に学べば学ぶほど、有機の奥深さを知ることになりました。
最初にも書いた通り、ベランダで有機栽培はできません。有機農業のキモは土作り、作物が健全に育つための環境作りだからです。単に有機肥料を作物に与えているのではなく、地中の生物・微生物が活発に働いて有機物を分解して栄養素を供給するという循環を作り出していたのです。
これをプランターで……それは無理ですね。でもその考え方はベランダのプランター栽培でも活かすことはできることを学びました。

バーベキュー会場の設営の間、コンテスト入賞者のホ場を解説を聞きながら見学します。

楽鼓の演奏は心に響きます。

毎年、甘楽ふるさと館のイベントでサツマイモの
サツマイモ掘り体験を行っています。畝立てから
苗植えまで甘楽ふるさと農園が管理しています。

家族で田舎暮らし体験も楽しい

サツマイモ掘りや羊の毛刈り、そば打ちなど農村
体験も楽しいイベントです。

甘楽ふるさと農園ではひつじ公園で飼育している
羊の毛刈りを、恒例イベントにしています。地
元の高校生がバリカンで毛を刈る様子を見学し、
刈った毛を処理し、毛糸に紡ぐまで
を見ることができます。地域によっ
ては馬や牛、ウサギなどと触れ合う
イベントもあるでしょう。

サツマイモ掘りも各地で人気のイベ
ントです。サツマイモに限らず収穫
は大きな楽しみです。普段食卓に
上っている食べ物がそのようにでき
ているのかを知ることは、子どもた
ちにとって大きな学びの機会になる
ことでしょう。

甘楽は蕎麦処でもあります。段々畑で蕎麦を育
て、それを打って食べる体験も行われています
（→ p156参照）。

農村の季節ごとの祭やイベントを体験しながら、
家族で野菜作りを楽しみましょう。

上野ひつじ公園のひつじたち

子ひつじとの触れ合い体験

羊の毛刈り見学や毛の油・匂いをなくし、毛糸に紡ぐまで

私にもできる 甘楽ふるさと農園利用者の声

農園20年経験者から初心者まで、甘楽町の住民や関東近県から東京在住者まで、
大勢の方々が有機栽培で、美味しい野菜作り・収穫した野菜でお酒を楽しんだりしています。
講習会や収穫祭などもあり、和気藹々としたコミュニケーションの場でもあります。

開園以来 20年お世話になっています
今年も最優秀賞を取れるよう頑張ります
堀越泰久ご夫妻（高崎在住）

　秋の収穫祭で8回連続最優秀賞に輝いた堀越さんに伺いました。休憩棟区画の畑は驚くほどきれいに整理され、雑草はほとんどありません。

　昨年は、春先から夏にかけて異常気象が続き、特に6〜7月の水不足と猛暑の影響か作物の生育に異常が見られ、接ぎ木ナスを植え付けましたが元気がなく、注意してみると葉の表裏が黒ずんでいました。ハダニの被害で光合成ができなかったようです。栽培講習会の講師・新井さんの指導・助言を頂き、有機のオーガニック「アーリーセーフ」を 300〜600倍に薄めて噴霧器で散布。2日置いてさらに駆除で収穫時期は少し遅れましたが、10月末まで収穫を楽しんだそうです。また、アブラムシやうどん粉病にも駆除効果があるそうです。ソラマメは大収穫、根菜類、ニンジンが立派に収穫。休憩棟でニンジンを洗いスティックにすると甘くて旨いそうです。畑仕事後のビールも美味い。

　毎年変化する日照時間や降雨量の自然環境や病害虫の対応等、奥の深い野菜作りを経験した1年だったと話してくれました。野菜作りにはこれで良いとする方法はなく、日々努力することだと納得しました。

無農薬の有機野菜作りを楽しみ、奥様の料理で
より美味しく頂く、これこそ贅沢の極みです
福井　功ご夫妻（高崎市在住）

　サラリーマンだった功さんが定年退職後、「甘楽ふるさと農園」を紹介した雑誌を見て興味を持ち、すぐに見学に来て、素晴らしいロケーションと無農薬野菜作りに共感してすぐに契約したそうです。現在 3年目を迎えています。

　お会いしたのはゴールデンウィーク前の小雨が降っている時で、アブラムシで弱ったソラマメを引き抜いて残念そうにしていました。畑には雑草はなく、畝などもキッチリとして几帳面な方とお見受けしました。パプリカ作りを目標にし、未熟果が赤や黄色に完熟化していく様を畑で観察することを楽しみに、次年度は果肉をもっと大きく柔らかくすることを目標としていると話してくれました。

　また、無農薬の有機野菜作りを二人で満喫、不揃いの野菜も奥様の料理で美味しく頂く、これこそ贅沢の極み生活だとおっしゃいます。

　管理人の指導や講習会、秋の収穫祭などに参加し農園生活している方達と挨拶を交わし有機栽培で判らないことは尋ね合う、そんな仲間作りも大きな楽しみだとか。また、地場産野菜を使ったイタリア料理の御殿前レストラン「プレトリオ」に行ってみたいと話していました。

甘楽が気に入り、仲間4人で農園を借りて、東京から週一で通っています
難波恵子さんとお仲間（東京北区在住）

19年前北区の広報で、「甘楽ふるさと農園」の募集を知り応募をしたところ当たってしまい、断るつもりでした。実は、甘楽町がどこにあるのかも知らず、畑仕事もしたことがなかったので不安しかなかったそうです。ところが、訪れてみて桜並木や雄川堰の街並み、霞かかった山の裾野などの美しさに思わず契約をしてしまったといいます。

元PTAのお仲間3人を誘って野菜作りを始めたものの、移植ごてで土を掘り返すだけでたいしたものはできなかったそうですが、4人で過ごす甘楽は楽しく、そのうち管理人からテンガの使い方、畝作り、野菜作りを学び、本格的に作り始めたそうです。最初の収穫は小さなスイカで、中身がまだ白くて食べられるものではなかったけれど、嬉しくて、愛おしくてね〜抱きしめて持って帰ったと話してくれました。

東京を出るときは雨でも甘楽は晴れると確信して通っているそうです。ワクワクする気持ちが伝わってきます。土の匂いと、鳥の鳴き声、360度の眺望。農園は手作りのお弁当を食べながら、ワイワイと過ごせてホッとする場所。19年間、甘楽町の移り変わりを見てきたそうです。文化施設なども整い、今は少しきれいになりすぎて都会化したのが少し残念だそうです。しかし、甘楽に来ると、素朴で素晴らしい風景で気持ちがリフレッシュでき、元気の秘訣にもなっていると。ネギ、サトイモ、イチゴ、サツマイモなど作っています。

12年目の野菜づくりを楽しんでいます
収穫した野菜の保存用冷蔵庫を用意すること
加藤　裕ご夫妻（東京北区在住）

11年前、北区の広報誌で知り、ストレス解消を目的に畑を借りました。最初の頃はたまに来ては、草に埋もれ、なんとか生き延びている野菜を助けるのが主な作業でしたが、それでも無心になっての草むしりは、とても心地よい時間だったようです。

最近では、通う日数も増え、野菜の種類や質、手入れの仕方も徐々に向上してきたかなと話していました。農機具や耕運機を始め何も持たずに来て、水まで利用できるし、講習会や秋の収穫祭などで楽しむことができるのが夫婦円満の秘訣のようです。親身になってご指導してくださる農園関係者の皆様と語り合い、近所の方々との作物談義も楽しく農園生活をエンジョイしているようです。

今後の課題は、畝の大きさを 370× 70㎝に統一すること。マルチの張り方を工夫すること。同じ種類を多く育てすぎないことを目標に、保存用冷蔵庫を購入。近所の皆さんとの交流や物々交換したりできることが楽しみと話してしてくれました。

甘楽ふるさと農園の利用者は、自宅で家庭菜園、ベランダ菜園されている方やほかの市民農園から移られる方、退職後に自然の中でうまい野菜作りをしている方など様々な方がいらっしゃいます。

皆さん元気で、野菜作りをご夫婦で楽しまれているようで励みになります。

リタイヤ後は移住して農園生活も楽しいかも？

甘楽町には移住支援や土地や農業支援などいろんな支援があります。
また、蕎麦の種蒔きから収獲して、蕎麦打ちする「蕎麦作り体験」もあります。

旧石器時代から連綿と続いてきた甘楽は、織田宗家ゆかりの城下町として国指定名勝「楽山園」や武家屋敷など数々の名所旧跡があります。霊峰「稲含山」を始め小幡山、紅葉山、総合公園などたくさんの散策コースがあります。町の中心を流れる名水百選の「雄川堰」では桜の季節に「武者行列」で賑わいます。さくらウォークやもみじウォークなども皆さんが楽しく参加しています。

町では創業・就農支援、空き家活用、定住応援支援金交付などいろんな住宅制度を利用でき、市民農園では有機野菜作りが楽しめます。道の駅甘楽では新鮮な農産物やお酒を販売、食事もできます。

甘楽町多世代サポートセンター「にこにこ甘楽」では、保健師、ケアマネージャー、管理栄養士、社会福祉士が常駐し、町民の健康を願い赤ちゃんから子育て支援、筋力トレーニング教室、入浴など、介護から高齢者の幅広い相談に対応してくれます。豊かな自然と安心便利な暮らしができる甘楽の魅力は一考に値するかもしれません。

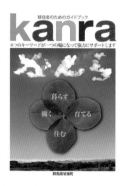

ちいじがき蕎麦の里でタネまきから蕎麦打ちまでの農業体験をする
蕎麦作り体験で、本格的な蕎麦を打って食べる

霊峰稲含山麓の標高700mの段々畑でソバを栽培し、収獲した実を挽いて自ら蕎麦打ちをする体験です。
タネまきから、雑草とり、土寄せを行い、秋に収獲をし石臼で実を引いて那須庵で蕎麦打ち名人に教えを請い蕎麦を打ち食べます。
花の最盛期には花祭りが行われ、「那須の獅子舞」が披露されます。人気の農業体験イベントです。

蕎麦打ち風景。この後茹でて食べます。

ソバをまく

収獲後乾燥させ、ゴミをのぞく作業

花祭り風景

おわりに

　昭和22年甘楽町（小幡）で農家の次男として生まれる。おぼろげの記憶では農道を馬車に乗っている。3世代家族の8人で養蚕をメインに酪農、田畑（米麦）を耕し、羊、鶏、うさぎを飼っていた。

　私の幼少時代は野山を毎日駆けまわり山菜やユリ根、木苺などを採取して自然との関わりは当たり前であった。また、粘土を取り、土器的なものを作り風呂釜で素焼きを楽しみ、甘楽にある土器や鏃を探し、洞窟探検でコウモリを捕まえたりしていました。

　高校を卒業して都会に出てからは、自然生活とは離れた生活になりジャズ・ロック、お酒、仕事に明け暮れ多いときにはひと月で360時間以上（1日の働く8時間を除いて）残業していたが、結婚を機に生活を見直しました。
子どもができて所沢に引っ越し、家庭菜園（30坪）を数年しましたが土作りができた頃、マンションを造るから畑を返して欲しいとなり、30数年畑からは遠ざかりました。しかし、ベランダでは細々と野菜作りを楽しんできました。

　昨年、甘楽ふるさと農園に行きふかふかの土を見て、旨い野菜作りもいいかなと思うようになりました。1学年下の吉田恭一さんが農園の管理組合長していたのも理由のひとつ。秋に農園を借り、漬け物用ダイコンやハクサイ、ブロッコリー、カリフラワー、シュンギク、ニンニク、タマネギを植え付け収穫している。ダイコンを所沢のマンションのベランダに干し、樽に漬け込み春まで楽しみました。新鮮で美味いものが食べたいとする欲求がふつふつとわいてきます。

　食事の直前に採るキャベツやタマネギの旨さが忘れられない。今の野菜のほとんどが種ができない F1野菜（大きさや同時収穫で収量が多いが味は二の次）で美味くないのである。人間でいえば、精子を退化させ子どもができないように遺伝子操作をしている野菜なのです。安全で安心できる野菜が食べたいと思うのは当然で、田舎でのんびり野菜作りを夢見るのもいいかなと考える今日この頃です。月4〜5回の高速道路での通い野菜作りでは、いいものはできないのが実感です。

　甘楽ふるさと農園の組合長吉田恭一さんを始め、管理人の皆様、撮影協力していただいた事務員の加藤恵子さん、農園利用者のご協力のもとまとめることができました。そして、松嵜剛さんの協力無くしてはできなかった。ありがとうございました。彩流社の竹内淳夫さんありがとうございました。

令和1年10月　加藤俊二

参考文献

奇跡のリンゴ 「絶対不可能」を覆した農家 木村秋則の記録 石川拓治著 幻冬社
タネが危ない 野口 勲著 日本経済新聞出版社社
［自然農法］わら一本の革命 福岡正信著 春秋社

プロが教える 有機・無農薬 美味しい野菜づくり 福田 俊著 西東社
プロが教える はじめての野菜作り 井上昌夫監修 西東社
おいしい野菜づくり70種 自分の庭で楽しむヘルシー野菜の作り方 加藤義松監修
一年中楽しめるコンテナ野菜づくり 金田初代著 西東社
野菜がおいしく育つ 肥料の与え方 有機栽培で使いたい肥料と堆肥 学研・趣味の菜園
ひと工夫でこんなに差が出る! 驚きの家庭菜園マル秘技58 『やさい畑』菜園クラブ編 家の光協会
名人農家が教える有機栽培の技術 新井俊春著 月曜社

［監修者略歴］

吉田恭一（よしだ・きょういち）

1948年9月20日生れ。高校卒業と同時に就農。当時の農業経営は、米麦養蚕が中心で、コンニャクやシイタケ栽培も取り組む。新たな経営作物として、露地野菜やシメジの原木栽培に取り組んでみた。しかし、就農当時元気でいた父親や祖父が相次ぎ病に倒れたので、新規の作物は断念。養蚕とコンニャクに集約する。その後、徐々に経営規模を拡大して、1983年3月に繭生産合理化コンクールで、群馬県代表として、農林水産大臣賞を受賞。その後、価格の低迷に見舞われて、養蚕の断念へとつながってしまいました。

1987年4月に甘楽町有機農業研究会に設立と同時に参加。その後、少しずつ有機圃場の面積を拡大して1999年にすべての圃場を有機栽培とする

主な出荷先は大地を守る会、ラディシュボーヤ（統合したので会社名はオイシックス・ラ・大地（株）となる）その他、個人や店など2013年に、これまでの農業の取り組みを評価していただき、大日本農会総裁桂宮宜仁親王より緑白綬有効章を受章。

過去の役職経験

群馬県農業経営士・体育指導員・2中PTA会長・文化会館企画運営委員・民生委員・農業委員・議会議員は1999年から2015年まで16年間（議長は2期目と4期目の前半）

現在の主な役職

甘楽ふるさと農園管理組合長

加藤俊二（かとう・としじ）［著］

1947年8月甘楽町で農家の次男として生まれる。広告制作を経て1983年に有限会社プラス・アルファを設立。現在所沢にて、装幀とエディトリアルデザインを中心に活動。42前から家庭菜園を行うがマンション建設のため畑を止め、それ以来ベランダ菜園を楽しんできました。昨年より甘楽ふるさと農園で有機野菜栽培を体験する。

［編集スタッフ］

編集・構成	プラス・アルファ＋松嵜　剛
装幀・デザイン	プラス・アルファ（加藤俊二）
DTP	プラス・アルファ＋松嵜　剛
イラスト	プラス・アルファ
写真撮影	加藤俊二＋加藤恵子（甘楽ふるさと農園）
動画作成	加藤俊二
動画BGM作曲	小林厚子
協力	甘楽ふるさと農園

楽しく作る、美味しく食べる—有機栽培の家庭菜園・ベランダ菜園入門

2020年8月1日　初版第1刷発行　　　　　　　　　定価は、カバーに表示してあります

監　修　吉田恭一
著　者　加藤俊二
編　集　プラス・アルファ＋松嵜　剛
発行者　河野和憲

発行所　株式会社　彩流社
　　　　〒101-0051　東京都千代田区神田神保町3-10　大行ビル6F
　　　　TEL03-3234-5931　FAX03-3234-5932
　　　　ウェブサイト　http://www.sairyusha.co.jp
　　　　E-mail　sairyusha@sairyusha.co.jp
　　　　印刷・製本　　（株）シナノパブリッシングプレス

乱丁本・落丁本はお取り替えいたします。　　　　　ISBN978-4-7791-2667-3 C0061